POÉTICAS DA VOZ
TRAMAS NO SERTÃO DA BAHIA

Editora Appris Ltda.
1.ª Edição - Copyright© 2024 da autora
Direitos de Edição Reservados à Editora Appris Ltda.

Nenhuma parte desta obra poderá ser utilizada indevidamente, sem estar de acordo com a Lei nº 9.610/98. Se incorreções forem encontradas, serão de exclusiva responsabilidade de seus organizadores. Foi realizado o Depósito Legal na Fundação Biblioteca Nacional, de acordo com as Leis nos 10.994, de 14/12/2004, e 12.192, de 14/01/2010.

Catalogação na Fonte
Elaborado por: Dayanne Leal Souza
Bibliotecária CRB 9/2162

A447p 2024	Almeida, Telma Rebouças de 　Poéticas da voz: tramas no sertão da Bahia / Telma Rebouças de Almeida. – 1. ed. – Curitiba: Appris, 2024. 　　127 p. ; 23 cm. – (Coleção Linguagem e Literatura). 　Inclui referências. 　ISBN 978-65-250-6780-3 　1. Literatura de cordel. 2. Crioulização. 3. Escrituras. 4. Poética. 5. Reverso. 6. Sertão. 7. Verso. 8. Voz. I. Almeida, Telma Rebouças de. II. Título. III. Série. 　　　　　　　　　　　　　　　　　　　　　　　CDD – 398.5

Livro de acordo com a normalização técnica da ABNT

Appris
editora

Editora e Livraria Appris Ltda.
Av. Manoel Ribas, 2265 – Mercês
Curitiba/PR – CEP: 80810-002
Tel. (41) 3156 - 4731
www.editoraappris.com.br

Printed in Brazil
Impresso no Brasil

Telma Rebouças de Almeida

POÉTICAS DA VOZ
TRAMAS NO SERTÃO DA BAHIA

Appris
editora

Curitiba, PR
2024

FICHA TÉCNICA

EDITORIAL — Augusto Coelho
Sara C. de Andrade Coelho

COMITÊ EDITORIAL

- Ana El Achkar (Universo/RJ)
- Andréa Barbosa Gouveia (UFPR)
- Antonio Evangelista de Souza Netto (PUC-SP)
- Belinda Cunha (UFPB)
- Délton Winter de Carvalho (FMP)
- Edson da Silva (UFVJM)
- Eliete Correia dos Santos (UEPB)
- Erineu Foerste (Ufes)
- Fabiano Santos (UERJ-IESP)
- Francinete Fernandes de Sousa (UEPB)
- Francisco Carlos Duarte (PUCPR)
- Francisco de Assis (Fiam-Faam-SP-Brasil)
- Gláucia Figueiredo (UNIPAMPA/ UDELAR)
- Jacques de Lima Ferreira (UNOESC)
- Jean Carlos Gonçalves (UFPR)
- José Wálter Nunes (UnB)
- Junia de Vilhena (PUC-RIO)
- Lucas Mesquita (UNILA)
- Márcia Gonçalves (Unitau)
- Maria Aparecida Barbosa (USP)
- Maria Margarida de Andrade (Umack)
- Marilda A. Behrens (PUCPR)
- Marília Andrade Torales Campos (UFPR)
- Marli Caetano
- Patrícia L. Torres (PUCPR)
- Paula Costa Mosca Macedo (UNIFESP)
- Ramon Blanco (UNILA)
- Roberta Ecleide Kelly (NEPE)
- Roque Ismael da Costa Güllich (UFFS)
- Sergio Gomes (UFRJ)
- Tiago Gagliano Pinto Alberto (PUCPR)
- Toni Reis (UP)
- Valdomiro de Oliveira (UFPR)

SUPERVISORA EDITORIAL — Renata C. Lopes

PRODUÇÃO EDITORIAL — Sabrina Costa

REVISÃO — Ana Lúcia Wehr

DIAGRAMAÇÃO — Amélia Lopes

CAPA — Lívia Weyl

REVISÃO DE PROVA — Sabrina Costa

COMITÊ CIENTÍFICO DA COLEÇÃO LINGUAGEM E LITERATURA

DIREÇÃO CIENTÍFICA — Erineu Foerste (UFES)

CONSULTORES

- Alessandra Paola Caramori (UFBA)
- Alice Maria Ferreira de Araújo (UnB)
- Célia Maria Barbosa da Silva (UnP)
- Cleo A. Altenhofen (UFRGS)
- Darcília Marindir Pinto Simões (UERJ)
- Edenize Ponzo Peres (UFES)
- Eliana Meneses de Melo (UBC/UMC)
- Gerda Margit Schütz-Foerste (UFES)
- Guiomar Fanganiello Calçada (USP)
- Ieda Maria Alves (USP)
- Ismael Tressmann (Povo Tradicional Pomerano)
- Joachim Born (Universidade de Giessen/ Alemanha)
- Leda Cecília Szabo (Univ. Metodista)
- Letícia Queiroz de Carvalho (IFES)
- Lidia Almeida Barros (UNESP-Rio Preto)
- Maria Margarida de Andrade (UMACK)
- Maria Luisa Ortiz Alvares (UnB)
- Maria do Socorro Silva de Aragão (UFPB)
- Maria de Fátima Mesquita Batista (UFPB)
- Maurizio Babini (UNESP-Rio Preto)
- Mônica Maria Guimarães Savedra (UFF)
- Nelly Carvalho (UFPE)
- Rainer Enrique Hamel (Universidade do México)

A Dony, Aice e Juju, com amor.

AGRADECIMENTOS

À trindade santa.

À minha família, especialmente aos meus pais, Otília Aparecida Rebouças Matos (*in memoriam*) e Mário Almeida Matos.

A todos que caminharam comigo em algum momento.

Aos contadores/cantadores do sertão.

Nada é fixo para aquele que alternadamente pensa e sonha.

(Gaston Bachelard)

PREFÁCIO

Poéticas da voz: tramas no sertão da Bahia

Com alegria, recebi o convite para prefaciar este livro de Telma Rebouças, fruto de suas investidas acadêmicas — uma pesquisa de dissertação de Mestrado defendida no Programa de Pós-Graduação em Literatura e Crítica Literária da PUC/São Paulo —, em torno de uma diversificada poética, uma poética movente, caleidoscópica, que vai da letra e da voz para a imagem. A referida pesquisa envolve textos da chamada literatura de cordel.

Por meio de um mergulho na história do cordel, Telma Rebouças faz um recorte específico, retirando de vastos baús, com argúcia e perspicácia, três folhetos cuja temática se refere ao sertão baiano e que constituirão o *corpus* de sua investigação voltada para a tradição e recriação do cordel: *As bravuras de Valdivino pelo amor de Beatriz*, de Erotildes Miranda; *O idílio de Pórcia de Castro e Leolino Canguçu*, de José Walter Pires; e *Viola Quebrada*, de Camilo de Jesus Lima, que não foi um poeta de cordel, mas tratou o sertão em belo poema ao modo do cordel, prova incontestе de movências textuais. As reflexões em torno das obras dos poetas da literatura de cordel apontam uma temática abrangente que envolve cultura, memória, tradição e invenção.

Foi assim que o percurso de aprendizado da autora, aqui traduzido em texto verbi-vocal, ao desenvolver uma narrativa crítica dos diversos caminhos e condições que a pesquisa foi apontando, assinala as diferentes formas de fazer e pensar o cordel. Num complexo processo da boca ao ouvido e do ouvido à boca, ocorre o afastamento gradativo da matriz original. E a modificação da matriz original de um texto assentado na tradição tem, a meu ver, um aspecto transgressor, que seduz pela novidade, oriunda da imaginação, essa "forma de audácia humana".

Para organizar sua pesquisa, Telma Rebouças fez uma divisão em três capítulos, contextualizando inicialmente o espaço do palco sertanejo para, em seguida, trazer à boca de cena os diálogos (im)pertinentes entre tradição/invenção. Acolhidos esses necessários respaldos, a autora parte para trazer as três cenas/folhetos, convocando um caleidoscópio de categorias conceituais, que se move em torno de temas: sertão, arte popular, cordel, oralidade/escritura, voz, performance e movência.

No fechamento das cortinas do palco/cenas/texto, a autora faz uma inquietante indagação: será a literatura de cordel uma espécie de texto crioulo? Será esse tipo de literatura um espaço de fronteiras, a partir da fixação tipográfica da voz, considerando a teatralização do ser humano? Ou do trânsito entre várias formas de expressão literária? Este livro é, portanto, enquadrado naquele conjunto de narrativas decorrentes das complicadas relações tecidas entre diversas manifestações da arte, que articularam, em termos híbridos, a complexidade de nossas plurais culturas. Uma das características mais significativas deste trabalho é a capacidade de religar efetivamente a pesquisa histórica à prática de compor narrativas. Trata-se de um fazer centrado em uma prática de resistência, objetivando a abertura de caminhos para novas perspectivas de recepção.

Com sua já vasta experiência, a autora destaca a existência de um diálogo intercultural, ao explorar as diferentes formas de se tratar os poemas dos baús de folhetos, oferecendo ao leitor um rico diálogo voltado para o acervo de nossa cultura popular. A partir da sua experiência pessoal, são discutidos alguns caminhos por meio dos quais se faz forte a presença do universo sertanejo. Uma perspectiva multissituada que entende o estudo a partir da conexão ou associação de conjunções e justaposições de situações, mediante um olhar que relaciona tradição e invenção.

De uma forma muito competente, a primeira parte deste livro é dedicada a uma releitura histórica. A história rica de reviravoltas e incertezas é adotada como escolha metodológica fundamental para o desenvolvimento do trabalho de pesquisa bibliográfica e da discussão sobre alguns conceitos, com base, sobretudo, nos pensamentos de Paul Zumthor (oralidade, voz, movência) e Édouard Glissant (culturas compósitas e crioulização).

Este livro explora as diferentes fontes bibliográficas existentes sobre o tema literatura de cordel, oferecendo ao leitor um rico diálogo que evidencia diferentes pontos de vista e abordagens. Releva um entendimento da criação em cordel que não cai em simplificações e estereótipos, mas que, ao fim e ao cabo, destaca a complexidade de plurais visões e modos de fazer transgressões textuais, em circularidade de textos. Trata-se de uma construção narrativa que permite uma imersão na história e na memória do cordel para trazer um diálogo com sua atual prática. Por isso, recomendo a leitura a todos aqueles, dentro e fora das academias, que se interessam pelos temas aqui propostos.

Edilene Matos

*Escritora, professora da Universidade Federal da Bahia (UFBA)
e membro da Academia de Letras da Bahia (ABL).*

SUMÁRIO

INTRODUÇÃO...17

1

CORDEL: POESIA EM PALCO SERTANEJO...................... 23
1.1 Sertão: (in)definições... 23
1.2 Literatura de cordel: movência de oralidades sertanejas...................... 30

2

CENAS FLUIDAS EM CORDEL: TRADIÇÃO/INVENÇÃO.................. 49
2.1 Cena I: *As bravuras de Valdivino pelo amor de Beatriz*.......................... 49
2.1.1 Evento em cordel... 49
2.1.2 Ambiente vocalizado no cordel.................................. 57
2.2 Cena II: *O Idílio de Pórcia de Castro e Leolino Canguçu*.......................... 62
2.2.1 Espetáculo de cordel....................................... 62
2.2.2 Da "arena de vozes" ao cordel................................. 70
2.3 Cena III: *Viola Quebrada*...................................... 77
2.3.1 Panorama do cordel.. 77
2.3.2 O cordel como defesa do "princípio do prazer"......................... 88

3

LITERATURA DE CORDEL NO SERTÃO DA BAHIA:
POÉTICA DE UMA "ESCRITURA CRIOULA"?...................... 99
3.1 Escritura e crioulização: especulações............................... 99
3.2 "Bravura", "Idílio" e "Viola": arquiteturas cantantes....................... 111

CONSIDERAÇÕES FINAIS...................................115

REFERÊNCIAS...121

INTRODUÇÃO

Esta obra se ocupa da literatura de cordel, que, portadora de hibridismos e inconteste nomadismo, é uma das manifestações artísticas mais expressivas do povo brasileiro. *Poéticas da voz: tramas no sertão da Bahia* é um estudo da relação oralidade e escritura, referindo-se a um gênero que pode ser descrito como movente, porque inscreve uma voz que conta/canta e se realiza em presença de um corpo. Manifestação popular, a literatura de cordel esteve por muito tempo fora do meio acadêmico. No entanto, essa expressão artística tem comprovado sua vitalidade e hoje é tema de estudos no Brasil e mesmo no cenário internacional.

A impressão manual de seu texto é uma de suas características iniciais, com número de páginas correspondente a oito ou a seu múltiplo. Em um lado da folha, faz-se quatro impressões, que depois são cortadas e montadas em 8, 16, 24, 32, 48 ou 64 páginas. Quando o texto é organizado em mais de 16 páginas, deixa de ser considerado folheto e passa a ser chamado romance. A capa costuma ser feita em papel manilha, nas cores rosa, verde ou amarelo, tendo dimensões aproximadas de 10 x 16 cm. Nela, encontram-se o nome do autor, o título da obra e a ilustração feita, na maioria das vezes, em xilogravura, que é um tipo de desenho copiado a partir de uma matriz de madeira. O texto gráfico é chamado miolo, reproduzido em papel jornal. Todas essas características mantêm-se, mas a produção tipográfica, de certa forma, faz com que ocorram variações de tamanho, ilustração, tipo de papel e diagramação textual.

A diversidade temática da literatura de cordel leva a suas diferentes classificações. Manuel Cavalcanti Proença, em *Ideologia do Cordel* (1977), a organiza em três grupos de poesia: narrativa, didática e convencional. Esses grupos englobam desde conto, gesta ou saga, doutrinária, sátira até testamento, glosa, ou ABC. Nesse último subgrupo, cada verso que abre uma estrofe é iniciado pela sequência das letras do alfabeto. O poeta e jornalista brasiliense, Gustavo Dourado, transforma-o em motivo e estratégia de composição.

> ABC é gênero antigo:
> Psalmus Abecedarius...
> Desde Santo Agostinho:
> Língua gen vocabularius

Poiesis anti-donatista:
Perfectissimus Dicionarius...

Batalha de Fonteneto:
Em ABC é narrada...
Os netos de Carlos Magno:
Narrativa na jornada...
Versos trocaicos no canto:
Três por quatro... Ritmada...

Cordel, corda, coração:
Desde o tempo de Trancoso...
Um nome que virou lenda:
Com o ABC sentencioso...
De Portugal de Camões:
Ao Nordeste glorioso... (Dourado, 2008, s/p).

A literatura de cordel, como as demais formas literárias populares, traz em seu bojo uma marca social e cultural, a qual, segundo Edilene Matos (2010, p. 15): "o mundo letrado faz questão de realçar". Gênero narrativo, que se apresenta sob impressão tipográfica, mas que é tangenciado pela oralidade, incluindo aí corpo e gesto, o folheto de cordel exibe narrativas performatizadas. Essas narrativas transpõem para o papel uma dinâmica que captura a oralidade como "um discurso circunstancial" (Zumthor, 2010, p. 164) para lhe dar uma enorme expressividade, a exemplo do que ocorre com o abrangente sentido da palavra "cantoria" no Nordeste do Brasil. Essa palavra não só está atrelada ao cordel, que pode ser contado, cantado e encenado, mas também diretamente vinculada às regras da poética sertaneja.

> As convenções, regras e normas que regem a poesia oral abrangem, de um lado e de outro do texto, sua circunstância, seu público, a pessoa que o transmite, seu objetivo a curto prazo. Claro, isto pode ser dito também, de uma certa forma, da poesia escrita; mas, tratando-se de oralidade, o conjunto desses termos refere-se a uma função global, que não se saberia decompor em finalidades diversas, concorrentes ou sucessivas. No uso popular do Nordeste brasileiro, a mesma palavra, *cantoria*, designa a atividade poética em geral, as regras que ela se impõe e a performance (Zumthor, 2010, p. 164-165).

Tendo por base um selecionado *corpus* de folhetos, este livro aponta para um viés ainda pouco explorado no âmbito da teoria e crítica literárias, pois investiga, em nível formal e temático, a tradição da literatura de cordel e sua recriação no âmbito do próprio gênero. Seu desafio é compreender como se dá a reorganização, em base inventiva, de matrizes de textos da tradição no cordel, levando-se em conta três folhetos selecionados. Para que se alcance um olhar crítico sobre o diálogo tradição e invenção na literatura de cordel, este estudo aponta para os processos de resistência e transformação (estrutural e temática) desse gênero literário, especificamente no sertão baiano. Busca-se refletir sobre a literatura de cordel a partir da ideia de sertão, como palco real e imaginário, de um povo e sua poética, considerando a relação entre oralidade e escritura, à luz dos conceitos de oralidade, vocalidade, performance e movência, tal como sistematizados por Paul Zumthor. Os mesmos conceitos são também ponderados a partir da estética da relação, segundo Édouard Glissant, como uma complementação importante nessa discussão, a fim de relacionar o cordel às noções de crioulização e identidade rizoma, fundamentais à teoria glissantina, que podem funcionar como auxiliares valiosos para a compreensão da natureza complexa e profundamente abrangente do gênero cordelístico.

A leitura do *corpus* é orientada por uma perspectiva que adota o contraponto como forma de evidenciar a inserção de um movimento (verso) no outro (reverso), ou seja, da tradição na recriação, e vice-versa. Metodologicamente, estabelece-se, neste trabalho, como "verso" o folheto de feição tradicional representado pela obra *As Bravuras de Valdivino pelo amor de Beatriz*, de autoria e propriedade de Erotildes Miranda dos Santos. A representação do "reverso", entendido aqui como poemas escritos ao modo de cordel, fica por conta de *O idílio de Pórcia de Castro e Leolino Canguçu*, de autoria do professor-poeta José Walter Pires, e de *Viola Quebrada*, do poeta de base erudita Camillo de Jesus Lima. Interessante notar um forte laço entre as figuras do cantador, do poeta, do homem simples, do homem culto, enfim, do ser humano no contexto do sertão da Bahia.

Apesar de ser considerado matriz da tradição literária do cordel, o folheto não se opõe à inovação e, muito pelo contrário, é por ela revigorado, pronto a se refazer continuamente nas várias possibilidades de recriação. O sertão, por sua vez, está constantemente relacionado ao litoral, sendo seu avesso, seu contrário, mas também sua extensão. Dito isso, a literatura de cordel e o sertão podem ser considerados, respectivamente, espaço literário e geográfico que colocam elementos em relação, para daí surgir uma ideia do novo, de suas conceituações e de reflexões que abrem inúmeras possibilidades de composição ficcional. Para esta abordagem, que se pretende analítica, comparativa e crítica, os três cordéis selecionados pelos critérios de estrutura contextual, formal, temática e autoral são, simultaneamente, representativos do verso e do reverso. De antemão, é preciso contrariar a ideia de que a composição da literatura, dita popular, é feita de maneira aleatória e desordenada. A poética de cordel é elaborada segundo princípios formais, como versificação, rima e métrica.

Poéticas da voz: tramas no sertão da Bahia está embasado em duas categorias de estudos: a crítica e a teórica. Apresentam teor crítico os textos relativos ao gênero cordelístico, e conteúdo teórico, aqueles que tratam da relação oralidade/escritura e diálogo com a estética da relação. Sobre o cordel, recorre-se de forma especial à Idelette Muzart Fonseca dos Santos, que muito contribui quando aborda o Movimento Armorial. Para explicar esse movimento, ela o atribui a uma iniciativa que parte de Ariano Suassuna, ao definir o "folheto" como a arte que dá origem a outras, por unir três elementos: palavra, imagem e voz. Igualmente importante, são os estudos críticos de Edilene Matos, para quem a literatura popular em verso representa, nos seus traços estilísticos composicionais, simultaneamente, dois lados: o apolíneo e o dionisíaco, isto é, o comportado, formal, racional e o irreverente, livre e irracional. A crítica literária Jerusa Pires Ferreira, que muito se dedica às poéticas da oralidade, é referência constante neste trabalho, pois analisa os fluxos de matrizes e recriações na literatura de cordel. Ela participa, ainda, do esforço para se conceituar o vocábulo "sertão", por meio de seus vários estudos das acepções dessa palavra, embora acabe por assumi-la como um mistério que permanece. Quanto aos estudos sobre os gêneros orais, Paul Zumthor é um teórico que dá suporte a todo o texto, especialmente por meio de duas de suas obras: *Introdução à poesia oral* e *A letra e a voz*. Édouard Glissant, em *Introdução a uma poética da diversidade,* completa essa trajetória teórica, por meio das noções que sustentam a sua poética da diversidade, como o próprio título apregoa, e da estética da relação, em cujos âmbitos este trabalho pode ser inserido.

Este livro está organizado em um crescente composicional sobre o código poético do folheto. No Capítulo 1, "Cordel: poesia em palco sertanejo", é vivida a experiência da complexidade e até mesmo impossibilidade de se definir a palavra "sertão", mas algumas tentativas são feitas, vendo-se a possibilidade de associá-la à literatura de cordel, porque ambas remetem a uma reflexão sobre "o ponto de vista" de onde partem suas categorizações teóricas. Daí, o cordel pode ser pensado como uma movência oral sertaneja, que, assim como o sertão, não se deixa fixar. Os conceitos de tradição oral e voz muito contribuem para essa questão. A palavra literária sertaneja é refletida pelo folheto, o que implica uma discussão sobre um conjunto de pesquisas que tratam da origem, definição e característica desse gênero.

O Capítulo 2, "Cenas Fluidas em Cordel: tradição/invenção", amplia essa discussão por meio da análise dos cordéis selecionados, considerando-os espaços de cenas fluídas entre a tradição e a recriação. Nesse capítulo, cada cordel selecionado representa uma cena — Cena I: *As bravuras de Valdivino pelo amor de Beatriz;* Cena II: *O idílio de Pórcia de Castro e Leolino Canguçu*; Cena III: *Viola Quebrada*. Cada uma dessas cenas consente que se fale em temática, forma, contexto e autoria na literatura de cordel. Esses textos não se confrontam, mas se aperfeiçoam numa mútua relação transformadora na recíproca atitude de conservação e inovação.

No Capítulo 3, "Literatura de Cordel no Sertão da Bahia: poética de uma 'escritura crioula'?", são realizadas especulações em torno de dois conceitos: escritura e crioulização. Essas especulações permitem que se pense sobre "o verso e o reverso" em um movimento sincrônico na literatura popular em verso. Após esse momento, os três cordéis, já analisados, são retomados. Levando-se em consideração os estudos da poética da oralidade e da estética da relação, com suporte teórico, respectivamente, do suíço Paul Zumthor e do caribenho Édouard Glissant, "o verso e o reverso" do folheto são mostrados em relação de reciprocidade. Nesse capítulo, a literatura de cordel do sertão da Bahia é lida como uma "escritura crioula", isto é, tem-se uma oralidade posta em cena e um "compósito residual" que implica um cordel "renovado", "imprevisível".

Em seguida, as considerações finais apresentam o percurso desta leitura, que denuncia uma reflexão possível, embora anuncie outras possibilidades de investigação da profusa literatura de cordel, considerada pelo Instituto do Patrimônio Histórico e Artístico Nacional (Iphan), desde 2018, como Patrimônio Cultural Imaterial Brasileiro.

Posso afirmar que o cordel não é um lugar de especulações literárias aleatórias, mas, sim, de uma voz potente que se conecta com outras vozes, trazendo novos ecos e novas possibilidades de se manifestar diante do mundo. A sua escritura parte do som, do papel, e hoje chega a uma virtualidade tecnológica que abre espaços para várias performances inovadoras, mas não deixa de trazer resquícios de uma tradição que, originalmente, antecipa sua possibilidade recreativa. Então, só me resta sugerir que o cordel é transgressão, de si mesmo e da arte de viver, pois vida é sua substancial matéria-prima.

CORDEL: POESIA EM PALCO SERTANEJO

1.1 Sertão: (in)definições

Lá dentro no fundo do sertão
Na estrada das areias de ouro
Elomar Figueira de Mello[1]

Interior, agreste, seca, aridez e isolamento são termos que perpassam muitas das investidas de apreensão semântica da palavra "sertão", associada a tradições e costumes antigos. Tomado em acepções dicionarizadas, esse vocábulo corresponde, segundo Antônio Houaiss (2009, p. 1737), à "região agreste, afastada dos núcleos urbanos e das terras cultivadas; terreno coberto de mato, afastado do litoral; a terra e povoação do interior, em especial a zona mais seca que a caatinga, ligada ao ciclo do gado". As áreas de maior destaque do sertão brasileiro localizam-se à região Nordeste do país, isto é, todo o estado do Ceará, boa parte da Bahia, Paraíba, Pernambuco, Rio Grande do Norte, Piauí e uma pequena extensão de Sergipe e Alagoas.

O espaço sertanejo é causador de grande encanto devido à sua aparência peculiar acrescida à sonoridade presente no canto dos pássaros, no farfalhar das folhas secas e no barulho das águas dos estreitos rios. De vegetação caracterizada como cerrado, com árvores pequenas, retorcidas e de cascas grossas, o sertão, inversamente à forma como é descrito, não deve ser reduzido a mato. Trata-se de mata, floresta com plantas nativas, com frequência, utilizadas em pesquisas, especialmente as medicinais. O caráter simbólico desse ambiente justifica a sua presença no universo literário, pois comunga, quase de modo absoluto, natureza

---

[1] Elomar Figueira Mello, compositor, violonista e cantor baiano, natural de Vitória da Conquista, mais especificamente da fazenda Boa Vista (1937). Vive recluso no sertão da Bahia e não gosta de gravações ou filmagens de suas raras apresentações. Para ele, a música morre ao ser gravada, pois acredita que a arte deveria ser mostrada em saraus. Esses versos são da canção "Nas estradas das areias de ouro". Disponível em: http://letras.terra.com.br/elomar/376571/. Acesso em: 31 maio 2024.

e homem à semelhança do que acontece com o Pantanal quando é retratado na poética do mato-grossense Manoel de Barros. Por essa razão, não é de se estranhar que alguns escritores, representantes do "cânone" literário brasileiro, assim como Euclides da Cunha, João Guimarães Rosa e Graciliano Ramos, tenham se apossado desse espaço que simboliza a mística da condição humana nos lugares menos previsíveis. O sertanejo se caracteriza de modo paradoxal, cabisbaixo, tímido, de aparência frágil, no entanto, capaz de se revelar em sua altivez diante da adversa condição sub-humana a que está exposto. A literatura, especialmente "popular", capta essa marca do homem do sertão, para expressar uma sensibilidade que independe de espaço/tempo, ao forjar um mundo em que o real e o imaginário assumem dimensões que mesclam palavras, sons e imagens.

Amplas reflexões já foram realizadas no intuito de traduzir de forma fidedigna o "sentido do sertão". Uma delas é a de Janaína Amado (1995)[2], que, para sistematizar o entendimento dessa palavra, parte de quatro categorias. A primeira é a "espacial", designando uma ou mais regiões, no que se refere a pensamento social, imaginário ou, até mesmo, senso comum: "sertão [...] categoria espacial: entre os nordestinos, é tão crucial, tão prenhe de significados, que, sem ele, a própria noção de 'Nordeste' se esvazia, carente de um de seus referenciais essenciais" (Amado, 1995, p. 145). A segunda categoria é a do "pensamento social", sendo a mais recorrente no Brasil, por estar presente nos relatos de curiosos, cronistas e viajantes desde o século XVI, os quais lançaram o primeiro olhar descritivo sobre o país. Essa é uma categoria de entendimento do Brasil, a princípio, como colônia portuguesa, e como nação, a partir do século XIX. A terceira é a "cultural", que põe em destaque a presença do sertão em formas artísticas diversas, tais como: pintura, teatro, música e cinema. Pode-se lembrar aqui do cinema novo do baiano Glauber Rocha, o filme *Deus e o Diabo na Terra do Sol* (1964). Igualmente, os meios de comunicação, antigos ou atuais, utilizam o sertão como fonte de informação sociocultural. Essa categoria é fortemente atuante na literatura brasileira, em que o sertão é "tema central na literatura popular, especialmente na oral e de cordel, além de correntes e obras literárias cultas" (Amado, 1995, p. 146). Finalmente, a quarta categoria levantada por Janaína é a "construída durante a colonização". Nela, explica-se que a palavra sertão também

---

[2] Estudos realizados com alunos e professores do curso de pós-graduação na UnB, Região, Sertão, Nação, em 1995, levaram Janaína Amado a escrever um artigo com o mesmo título do curso para retratar a reflexão de todo o grupo.

assumiu a grafia "certão", em Portugal, desde o século XIV, na centúria seguinte, usada para se referir a espaços amplos, interiores, localizados em terras recentemente conquistadas e suas extensões, a respeito das quais tinham pouca ou nenhuma informação.[3] A partir dessas categorizações, a palavra sertão traz um equivalente, o litoral, que não representa apenas um contraponto, mas sua extensão não só em aspectos territoriais, como também de convivência.

Litoral e sertão correspondem, de fato, a um espaço de convivência; eles não teriam os sentidos que têm sem a existência de um em relação ao outro. Ambos estão intrinsecamente interligados e são indissociáveis. Tem-se o sertão: "próximo, visível que não se opõe a litoral, muito pelo contrário, que está como a indicar uma certa contiguidade e sobretudo *visibilidade* quando é descrito e contemplado pelos roteiristas desde as naus." (Ferreira, 2004, p. 33). Nota-se aí um "contra-aspecto" que se faz presente no Brasil desde o período de colonização, portanto não é de se espantar que o sertão seja, de fato, indefinido, pois, historicamente, sua acepção é bastante diversificada. Isso, sem dúvida, faz com que ela assuma até mesmo o sentido de travessia, pois remete à movimentação constante, que pressupõe seu inacabamento ou a ininterrupta construção significativa.

> O que se afirma, sem medo de equívocos, é que, no Brasil, este vocábulo desenvolveu significação de oposição a litoral e, em condições brasileiras, sertão estaria sempre em interior. No Nordeste, em circunstâncias que se conhece dirigiu-se a significação para a preexistente conotação de aridez, documentada em parte dos textos antigos. Inospitalidade da natureza, povoado, ermo (Ferreira, 2004, p. 35).

Pode-se antecipar que a literatura de cordel também é um lugar de convivência dessas conotações que envolvem a palavra sertão, quando realiza um movimento de inovação com base tradicional em outras artes, literárias ou não. O enfoque dado ao sertão nunca é o da certeza, mas,

---

[3] Curiosamente, no artigo abordado "Região, Sertão Nação", há um levantamento de estudos mais apurados da origem do vocábulo sertão: Segundo alguns estudiosos, "sertão", ou "certão", seria corruptela de "desertão"; segundo outros, proviria do latim clássico *serere, sertanum* (trançado, entrelaçado, embrulhado), *desertu* (desertor, aquele que sai da fileira e da ordem) e *desertanum* (lugar desconhecido para onde foi o desertor). Desde o século XVI, as duas grafias foram empregadas por numerosos viajantes e cronistas do nascente império português na África, Ásia e América, [...] "Sertão" foi ainda largamente utilizado, até o final do século XVIII, pela Coroa portuguesa e pelas autoridades lusas na Colônia. No Brasil, são numerosíssimos os exemplos disso na documentação oficial (Amado, 1995, p. 147).

sim, da possibilidade que depende de certo ponto de vista. Isso ocorre igualmente com a literatura de cordel, pois seus crivos analítico e crítico estão sujeitos ao lugar de onde parte o olhar daquele que a julga. O ideal é que esse olhar não seja dicotômico, mas acolhedor de diferenças que contribuem na formação de um Brasil que se divide em "dois Brasis",[4] o litorâneo e o sertanejo, que, por sua vez, apresenta uma literatura que, a todo o momento, se subdivide: canônica, popular ou infantil. Para não abordar outras subdivisões, é preciso dizer que o sertão, assim como a literatura de folhetos, não se deixa fixar em momentos ou lugares. Sertão e cordel se mantêm atuais no mundo real e ficcional; a ponte entre esses mundos é um lugar de incertezas, de imprevisibilidades e de acordos internos e externos na construção de significados simbólicos. É justamente na impossibilidade de se definir a palavra sertão que reside toda a sua grandeza, já que não alcançar um sentido é o maior sentido desse termo que se avoluma a cada tentativa conceitual. Em "Migrantes dos espaços (sertão, memória e nação)", encontra-se uma valiosa reflexão de Sandra Guardini Teixeira Vasconcelos (2002, p. 71):

> Mais do que região determinada e delimitada, o sertão se configura como uma idéia e a sua diferença em relação ao litoral se define antes pelo contraste entre fases históricas diversas do que por diferenças geográficas significativas. [...]
>
> Se a tese dos dois Brasis prosperou na investigação sobre o modo de ser da sociedade brasileira, para explicar as contradições de um país que nunca soube incorporar sua fase retardatária, o habitante desse espaço rural, arcaico e retrógrado passou igualmente a ocupar lugar de relevância no imaginário nacional, como uma espécie de "outro" da civilização.

O sertão é o que fazem dele; para alguns, é o portal do imaginário brasileiro. Se, para outros, ele representa atraso, isso se deve ao descaso sociopolítico para com um povo "marginalizado", pois as políticas públicas dificilmente atravessam as fronteiras de uma terra considerada inóspita, improdutiva e recalcada por olhares e opiniões de outrem. Quando se conhece o espaço sertanejo, dá-se conta de sua riqueza. É o que ocorre com o mineiro João Guimarães Rosa. Após viajar para o interior de Minas

---

[4] Dois-Brasis, termo usado por Euclides da Cunha, em *Os Sertões* (1902), para se referir a duas realidades distintas e disparatadas entre si, a do litoral e a do sertão, na ocasião da Guerra de Canudos no sertão da Bahia, em 1897.

Gerais, em companhia de vaqueiros (1952), ele parte de suas vivências para, em suas obras, representar com propriedade o que viu, ouviu e sentiu. O sertão povoa o imaginário de outro nome de singular importância, que antecipa todos os demais de uma literatura chamada regionalista, é o do paraíbano Leandro Gomes de Barros (1865-1918). Considerado o progenitor do cordel no Brasil, suscitou grandes polêmicas. Uma delas foi a declaração de Carlos Drummond de Andrade, no *Jornal do Brasil*, em 9 de setembro de 1976.[5] O poeta mineiro faz um comentário que beira a censura sobre o prêmio divulgado pela revista *Fon Fon*, referente ao título concedido a Olavo Bilac, em 1913, como príncipe dos poetas. Na opinião de Drummond: "[...] um é Poeta erudito, produto de cultura urbana e burguesia média; o outro, planta sertaneja vicejando a margem do cangaço, da seca e da pobreza". Ainda acrescenta em sua crônica "Leandro, O Poeta": "Não foi príncipe de poetas do asfalto, mas foi, no julgamento do povo, rei da poesia do sertão e do Brasil em estado puro". Em outras palavras, naquele momento, a crítica literária responde a uma classe emergente, à qual se integra o poeta parnasiano, Bilac. Quanto a Leandro, é relegado ao esquecimento, compondo as beiradas sociais. No entanto, isso não significa um entrave para o reconhecimento e a permanência da dimensão poética desse escritor que viveu exclusivamente de fazer versos.

> Escrever sobre o folheto até 1918, é, de certa forma, escrever sobre o poeta popular Leandro Gomes de Barros. A partir de temas de tradição oral e de acontecimentos do momento ele criou a literatura popular escrita do Nordeste. Enquanto viveu foi "primeiro sem segundo" na sua arte (Terra, 1983, p. 40).

O ano da morte de Leandro, 1918, é conhecido como um marco de importantes mudanças nas regras de produção do folheto, desde aspectos gráficos a temáticos. O que talvez não mude é a essência do sertanejo. O homem do sertão é de poucas palavras e grandes ações; de nenhum luxo, mas de várias belezas; de raros questionamentos, porém de muitos entendimentos; e de algumas dúvidas seguidas por incontáveis certezas. Segundo Sandra Vasconcelos, para quem a figura do sertanejo está projetada no homem rural brasileiro, isto é, no vaqueiro, no trabalhador

---

[5] Informações obtidas na revista *Prosa, Verso e Arte*, na transcrição da crônica de Carlos Drummond de Andrade "Leandro, O Poeta". Disponível em: https://www.revistaprosaversoearte.com/ariano-suassuna--recita-quem-foi-temperar-o-choro-e-acabou-salgando-o-pranto-do-poeta-leandro-gomes-de-barros/. Acesso em: 31 maio 2024.

sem terra, no geralista, no barranqueiro e até no tropeiro, todos são: "criados pela miséria social, que um Graciliano Ramos e um João Cabral de Melo Neto tão bem desenharam em suas vidas secas e mortes severinas" (Vasconcelos, 2002, p. 72). Sem dúvida, o sertão não se caracteriza pela rudeza; o seu baixo poder econômico não se deve a fatores geográficos ou culturais simplesmente, mas, sim, a atitudes discriminatórias e excludentes. Nessa circunstância, assumir e aproximar-se da condição do outro é, de certa forma, submeter-se ao acolhimento, à identificação, ou seja, é reconhecer e respeitar uma alteridade. Essa seria uma relação ideal, mas não é realidade em um espaço de contraposição, raça *versus* "sub-raça".[6] Interessante notar que, apesar de o sertão e o Nordeste serem ambientes representativos da margem social do país, são símbolos de resistência, assim como uma das muitas expressões de sua arte, isto é, a poesia popular em verso, que legisla um campo semântico genuinamente brasileiro. No cenário internacional, que a tantos interessa, essa poesia e sua ilustração em xilogravura são das maiores formas de identificação da nacionalidade brasileira, caracterizada pela diversidade, criatividade e hibridez de um povo multi em todas as direções: religião, cor da pele, raça, etnia, dialeto e classe social, englobando, assim, outros direcionamentos. Ademais, ao mesmo tempo que esses elementos se unem, eles também sofrem um movimento constante de disjunção, o que causa um impacto negativo por trazer julgamentos valorativos e desestabilizadores da suposta autoconfiança de um povo.

O sertanejo da Bahia, assim como de *outros rumos*, equilibra-se a largos passos com lata d'água na cabeça. Homens, mulheres, idosos, crianças, todos se sujeitam a fazer parte desse quadro que se emoldura à beira das estradas asfaltadas ou *de terra*. Essa caminhada pela sobrevivência, debaixo do sol ardente, comove passantes motorizados e preenche o imaginário de uma terra em que o cotidiano fervilha com tantos e novos "severinos". A falta de chuva e de projetos sociopolíticos adequados provocam a escassez de trabalho para a população, o que leva o sertanejo a ir

---

[6] A obra *Os Sertões*, de Euclides da Cunha, publicada em 1902, glorifica o sertanejo, mas o identifica como uma sub-raça, por ser o resultado da união entre brancos e índios, em sua grande parte, e negros, em menor proporção.

à procura de sustento. A exemplo de Vivaldo, 23 anos,[7] muitos são levados ao trabalho escravo do corte de cana-de-açúcar. Em busca de dias melhores, a esperança pulsa, mas, ao acreditarem em uma proposta de trabalho rentável e digna, alguns perdem suas vidas nas usinas açucareiras por não terem tato para essa atividade e não contarem com seguras condições de trabalho. Em certa medida, a mídia tem denunciado alguns desses casos, mas a vulnerabilidade dessa população ganha força diante dos anseios e das imposições do sistema capitalista. Nesse contexto, a educação não tem o seu lugar de destaque no processo de formação para o trabalho e para uma vida melhor e feliz. Aquém da relevância do processo educacional, por nele não estarem inseridos de forma eficaz, os jovens são submetidos a essa realidade.

Enquanto isso, nas feiras das pequenas cidades do interior, acontece a venda do gado; a comercialização do plantio das roças; o desfilar de indumentárias feitas não apenas de couros e chitas, mas de malhas e *jeans*; o apertar de mãos; o *zunzunzum* com vivas marcas de um dialeto; o encontro de casais enamorados e de compadres e comadres; e a venda de raízes oferecidas como promessa de cura para males do corpo e da alma, já que, no mesmo tabuleiro, ou peneira, também se oferece o folheto de cordel. Essa dinâmica sofre uma modificação significativa com a contribuição da tecnologia, que transforma estilos de convívio social e de comunicação até mesmo em pequenas ou "socialmente invisíveis" comunidades interioranas. Então, o cordel é capaz de, por meio gráfico ou digital, dar visibilidade a essas pessoas que, lamentavelmente, continuam "esquecidas" em muitos aspectos.

---

[7] Vivaldo de Jesus Ramos "Dim", natural de Caetité, sertão da Bahia, filho do lavrador Manuelito Ferreira Ramos e da dona de casa Maria Rita Alves de Jesus Ramos, foi trabalhar no corte de cana de Maracaju, em Mato Grosso do Sul, e lá ficou por um mês e 10 dias, pois, no dia 23/02/2007, faleceu após ter ficado internado por oito dias. Sua morte se justifica por uma meningite bacteriana contraída no trabalho do corte de cana, pois, quando saiu do interior da Bahia, fez todos os exames que constataram sua saúde plena, e, lá chegando, novos exames foram feitos, cujos resultados foram confirmados. Trata-se de uma bactéria comum nesse tipo de trabalho dentro das usinas, podendo causar sequelas ou levar o paciente a óbito por um prazo de até 8 anos. O caso de Vivaldo ficou conhecido como o de morte mais rápida, de acordo com o laudo do Hospital Rosa Marçal, localizado em Campo Grande/MS. Outros jovens, inclusive seus amigos, morreram nesse mesmo ano. (Informações cedidas pela irmã da vítima, Marinalva Alves Ramos, 33 anos - Caetité, 11/08/2011).

1.2 Literatura de cordel: movência de oralidades sertanejas

> naquele vulto do tempo
> os fantasmas se encontravam
> *Jason Rodrigues dos Santos*[8]

"Nesta terra, em se plantando, tudo dá".[9] Analogamente, o sertão do Nordeste brasileiro, apesar de sua aridez, é um terreno fértil para o ofício poético. O olhar do poeta sertanejo semeia no imaginário um encantamento que contradiz a opinião caracterizada pela pobreza, escassez e improdutividade dessas terras. A literatura de folheto é o mais farto fruto da capacidade criativa de um povo, que, em sua maioria, por um longo tempo, desconhece o código escrito, mas vive a poesia como manifestação de liberdade do corpo e da voz.

Originária de tempos remotos, pode-se dizer que a literatura de cordel é "herdeira da tradição medieval, [...] com os poetas que celebram os feitos heróicos e patrióticos dos nobres senhores, as explorações guerreiras de heróis nacionais e de cavaleiros cristãos contra os infiéis" (Ribeiro, 1986, p. 80). O folheto chegou ao Brasil em prosa, no período da colonização, via Península Ibérica: Portugal e Espanha. Após 1970, ele ficou conhecido como literatura de cordel. Recebeu esse nome devido à prática de pendurá-lo em cordões para ser vendido em praças, ruas e feiras, sobretudo, do Nordeste do país. De acordo com a pesquisadora Edilene Matos (1986, p. 19): "Esta denominação até a década de 1960, no Brasil, era conhecida apenas pelo público intelectualizado que tinha acesso à história da literatura e cultura portuguesas. Os próprios poetas populares desconheciam a expressão".

O cordel, assim consagrado, não se baseia, como muitos pensam, apenas em fatos reais, mas, principalmente, em invenções. A invenção é, portanto, um traço marcante no universo do cordel. O poeta, ao ler o seu

---

[8] Jason Rodrigues dos Santos nasceu em 1959, na fazenda Lagoa Funda, naquela ocasião pertencente a Brumado, sertão baiano, mas hoje parte de seu município vizinho, Aracatu. Estes versos são do cordel *O Defunto Bonifácio*, que, em 1996, foi classificado em primeiro lugar na categoria literatura, disputada em Vitória da Conquista, no VII Festival de Inverno da Bahia.

[9] Afirmação feita em *A Carta de Pero Vaz de Caminha*, dirigida ao rei de Portugal, D. Manuel, em 1500. Nela, intenciona-se apresentar o Brasil como um lugar propício à exploração de sua "ingênua/selvagem" gente e de sua "bela/rica" terra e, além do mais, à imposição da língua portuguesa e da fé cristã. Dessa forma, pode-se pensar na Carta de Caminha como meio ideológico para a exploração social, o que perdura até a contemporaneidade. Essa afirmação, no entanto, toma outra direção, é usada para ratificar a ideia de abundância da potência das poéticas da voz no Nordeste do Brasil.

folheto, pode até mesmo cantar, com o intuito de fascinar e convencer o leitor/ouvinte[10] a comprá-lo e repassá-lo de *boca a ouvido*. Essa atuação do poeta e/ou do folheteiro integra um tipo de performance. Outro tipo de performance é aquela exibida por um cantador, ou seja, aquela em que é percebido um empenho acentuado do corpo por conta de uma arte viva, indicando uma ação teatral e, portanto, performática. Tal performance é fundadora de uma palavra poética, que envolve voz e gesto. Há que se distinguir o cantador/improvisador do poeta de bancada. Não há impedimento para que um cantador seja, também, um poeta de bancada, mas isso pode ou não acontecer. Quanto ao chamado poeta de bancada – aquele que escreve –, pode ser ou não um improvisador, ou, também, ser um homem de *múltiplos ofício,*[11] como é o caso de Minelvino Francisco Silva (Itabuna/BA, 1926-1999), que se dedicou a vários ofícios, incluindo o da arte da xilogravura:

> Autor de poemas feitos sempre em sextilhas ou septilhas, Minelvino não se considerava um bom repentista, um improvisador. Exercia sim, uma espécie de fascínio sobre o público com suas exibições performáticas, mas era, antes de tudo, um artífice incansável, um artesão, que corrigia constantemente seus trabalhos e os refazia diversas vezes, perseguindo as palavras, tentando domá-las. Só deste modo é que a poesia de Minelvino conseguia fluir natural e sedutoramente, aproximando-se do que se poderia chamar de milagre da linguagem, momento epifânico em que a palavra se converte em ponto de luz, irradiador de intensa luminosidade (Silva, 2005, p. 14).

Tudo isso compõe e justifica a preferência de Zumthor pelo termo vocalidade ao invés de oralidade. Para ele, vocalidade representa a historicidade da voz, o seu uso, e por isso afirma: "Uma longa tradição de pensamento, é verdade, considera a voz como portadora da linguagem, já que na voz e pela voz se articulam as sonoridades significantes" (Zumthor, 2001, p. 21). Cada voz é um movimento que convida a uma escuta mais recente, pois é o vínculo que não se perde em expressões artísticas diversas, tal como na relação do folheto com a dramaturgia e outras artes.

---

[10] A categorização "leitor-ouvinte" é utilizada pela pesquisadora Ana Maria Galvão em *Cordel: leitores e ouvintes* (2006).

[11] Expressão usada por Edilene Matos ao se referir a Minelvino Francisco Silva.

Essa questão é abordada, em minúcia, por Idelette Muzart Fonseca dos Santos, ao tratar de Ariano Suassuna e o Movimento Armorial:[12]

> A arte armorial define-se, portanto, por uma relação "fundadora" com a literatura popular do Nordeste e particularmente com o folheto de feira, que o artista armorial ergue como bandeira por unir três formas artísticas distintas: a poesia narrativa de seus versos, a xilogravura de suas capas, a música (e o canto) de suas estrofes (Santos, 2009, p. 13-14).

A literatura de cordel caracteriza-se, especialmente, por contemplar esses três eixos: palavra, imagem e música. Todos os seus versos estruturam uma narrativa geral, que é performatizada no momento do contato com o texto, ao colocar em cena o leitor ou cantador. Para Luyten (2005, p. 14): "A literatura de cordel compreende a parte impressa e, como tal, representa menos que 1% da poesia realmente feita no nível popular; o restante é apenas *cantado* por violeiros, trovadores ou cantadores". Elemento cultural não só do Brasil, mas de toda a América Latina, a literatura popular convive com o seu suposto avesso, a literatura culta. Uma só existe integrada à outra. Portanto, denominações marcam diferenças, mas não determinam, ou, ao menos, não deveriam determinar uma relação de superioridade/inferioridade.

> Ao aproximar-se da chamada Literatura de Cordel não se pode deixar de pensar na referência Literatura Popular. Está-se consciente da precariedade de distinções já tão colocadas entre literatura popular e culta, como é o caso de outras formas de expressão artística, vendo-se sempre aberta a possibilidade de uma se transformar em outra, sucessivamente. Tem-se além disto, a percepção de estar diante de texto-letra, que se oferece como resultado de um complexo percurso sócio-cultural, equilibrando-se entre os andamentos de vai e vem do culto ao popular e vice-versa, em alternâncias (Ferreira, 1993, p. 11-12).

A consolidação dessa arte, como dos demais gêneros orais, levando-se em conta a poética da oralidade, é atribuída às suas peculiaridades por se situar na fronteira entre oralidade e escritura: as palavras veiculam um discurso, as imagens possibilitam sentidos, e a sonoridade

---

[12] O Movimento Armorial foi lançado oficialmente em Recife/PE, 1970, veiculando a expressão e o desenvolvimento de várias formas artísticas atreladas à literatura de cordel, ou seja, aos folhetos do Romanceiro Popular do Nordeste.

se faz ser ouvida. Em meados de 1950, a leitura de cordel no sertão da Bahia significava um momento de festa. As pessoas eram convocadas, à noite e nos finais de semana, a fazerem uma roda de leitura de folhetos e, até mesmo, romances que eram narrativas mais longas. Esse era um momento esperado por todos;[13] a rima, motivo de aplausos; o desfecho, sempre comentado durante a semana. Então, o cordel toca o sertanejo em sua vida atribulada, provocando um necessário encontro entre realidade e fantasia. Embora a maioria não conhecesse o código escrito, todos se envolviam com as narrativas e sentiam o poder encantatório do folheto de cordel, pois a arte em si mesma não faz discriminações de qualquer ordem e a todos envolve. Isso, de certa forma, é capaz de nos reportar à atitude de curiosidade, expectativa, confabulação do público leitor diante dos folhetins no século XIX.[14] Essa descrição de um momento de leitura de cordel remonta a João Cabral de Melo Neto, ao contar sua experiência da primeira infância como leitor de folheto, em "Descoberta da Literatura", poema que compõe o livro *Escola das Facas* (1980).

> No dia-a-dia do engenho,
> toda a semana, durante,
> cochichavam-me em segredo:
> saiu um novo romance.
> E da feira do domingo
> me traziam conspirantes
> para que os lesse e explicasse
> um romance de barbante.
> Sentados na roda morta
> de um carro de boi, sem jante,
> ouviam o folheto guenzo,
> a seu leitor semelhante,
> com as peripécias de espanto
> preditas pelos feirantes. (Neto, 1998, p. 213)

---

[13] Relato feito pelo Sr. Gildemar Almeida Matos (73 anos), que saiu da Bahia, em 1961, referindo-se às práticas de seu pai, José Manuel de Almeida, que fazia da ocasião de leitura de folhetos e romances um momento de festa, reunindo amigos, vizinhos e familiares na fazenda Cercado, no município de Caetité/Bahia. Ele afirma que essa era uma prática comum em toda a redondeza do sertão baiano e que o romance *A Princesa Genoveva* (referência não encontrada) era o mais famoso da época. A sua leitura se prolongava durante um dia inteiro (Barueri/SP: 10/07/2010).

[14] O folhetim mais popular do Brasil, que, assim como outros, se tornou romance, foi *A Moreninha* (1844), de Joaquim Manuel de Macedo. Curiosamente, esse gênero usava a técnica de interromper a cena no ponto que mais despertava o interesse dos leitores. Essa técnica também é recorrente na literatura de folheto, porque o poeta popular ou cantador, ou até mesmo trovador, suspende a leitura no momento de maior atenção do espectador, para que este se interesse em adquirir o livreto.

Nesse poema, o poeta pernambucano se ambientaliza na leitura de folhetos de cordéis para trabalhadores do engenho de cana-de-açúcar de sua família. Essa atividade, décadas depois, vai influenciá-lo na composição de *Morte e Vida Severina* (1954/1955), sua narração poética mais conhecida. Com grande difusão midiática, essa obra tem como subtítulo "Auto de Natal Pernambucano". Nota-se que seu percurso é feito do cordel lido/ouvido, para escrita, teatro, filme e ópera, que, a todo momento, solicitam simultaneamente dois ouvidos: "o daquele que fala e do ouvinte [...] a leitura do texto poético é a escuta de uma voz. O leitor, nessa e por essa escuta, refaz em corpo e espírito o percurso traçado pela voz do poeta" (Zumthor, 2007, p. 86-87). As constantes traduções semióticas de *Morte e Vida Severina* formam uma rede vocal, deste modo, assegurando a continuidade da voz que passa pelo gênero de cordel.

Diante do que foi colocado, o que, provavelmente, determina ou enquadra uma arte como popular, ou não, é o seu destino, isto é, o público que a recebe. Por isso, os paradigmas da literatura de cordel são amplamente divulgados como indispensáveis ao reconhecimento da versificação popular. Não se pode desconsiderar, no entanto, que sua análise sincrônica é capaz de comprovar que: "Uma produção, canto, dança, anedota, conto, que possa ser localizada no tempo, será um documento literário, um índice de atividade intelectual" (Cascudo, 2006, p. 22). Essa atividade, no que diz respeito à literatura de folheto, requer uma análise mais acurada, por meio de um estudo que parta de classificações. Tendo por base a classificação feita pelo pernambucano Liêdo Maranhão de Souza, pesquisador e colecionador da cultura popular do Nordeste, Marlyse Meyer, em *Autores de Cordel* (1980), apresenta essa literatura a partir de dois tradicionais grupos: os romances e os folhetos. Ana Maria Galvão os entende como dois modelos constituídos por diferentes temáticas motivadoras da escrita, sendo que o folheto sofre uma tripartição.

> No primeiro agrupamento, estariam aqueles baseados em contos da carochinha ou de Trancoso, os romances inspirados nos "livros do povo" (como Carlos Magno ou Imperatriz Porcina), os de animais encantados ou de tradição religiosa, os romances de anti-heróis, os de valentia, os que falam sobre a "mulher difamada", e, finalmente, os romances de amor e de sofrimento. A autora classifica os folhetos em três grandes grupos: os de pelejas e discussões, folhetos de acontecido e folhetos de época (Galvão, 2006, p. 37).

Independentemente do tipo de classificação que lhe é atribuída, a literatura de folheto abrange uma enorme variedade de temáticas, o que dá certa complexidade ao seu entendimento e à sua organização, a exemplo do romanceiro português, que sempre esteve sujeito a transcriações a partir de um olhar diferenciado sobre seus temas. Isso se deve, possivelmente, às mudanças que resultam em novos elementos, garantindo a sua memorização e reprodução. A literatura de cordel no Brasil, em menor escala, conta com alguns estudiosos que resolvem dedicar-se a essa classificação. Algumas extensas e outras sintetizadas, todas estão voltadas para aquilo que o poeta popular observa, sente e transcria em paulatino processo fortalecedor da cultura, nesse caso, nordestina.

No caso do Brasil, a respeito da classificação da Literatura popular em versos, além da tentativa de Leonardo Mota, aí por 1921, em *Cantadores*, e possivelmente outras, podemos registrar duas mais recentes. Uma a que se deve à Casa Rui Barbosa, feita por um grupo sob a orientação de Cavalcanti Proença; foi fundamentalmente desse saudoso especialista o esquema inicial, que, afinal, predominou. É realmente um quadro amplo, entrando em pormenorização bastante expressiva para um melhor conhecimento da produção de literatura de cordel. [..]

Outra é a que propõe Ariano Suassuna; é a mais sintética, procura situar a sitematização da literatura de cordel em limites mais definidos a partir dos dois grandes grupos – o tradicional e o de "acontecido". [..]

A nosso ver, e de modo particular para este estudo, é possível chegarmos a uma síntese das duas classificações brasileiras antes citadas: a de Proença e Suassuna. [...]

Desta maneira, distribuímos os assuntos em três grandes grupos, e dentro dos dois primeiros, aqueles temas que se nos afiguram mais constantes. Deixamos bem claro – insistimos – que é uma classificação para este estudo; ou, de modo particular, para a análise que aqui estamos procedendo para conhecimento da temática da literatura de cordel. Assim, pareceu-nos possível adotar a seguinte classificação: 1. Temas tradicionais: a) romances e novelas; b) contos maravilhosos; c) estórias de animais; d) anti- heróis: peripécias e diabruras; e) tradição religiosa; 2. Fatos circunstanciais ou acontecidos: a) de natureza física: enchentes, cheias, secas, terremotos, etc.; c) de repercussão social: festas, desportos, novelas, astronautas, etc.; c) cidade e vida urbana; d) crítica e sátira; e) elemento humano: figuras atuais ou atualizadas (Getúlio, ciclo do fanatismo e misticismo, ciclo do cangaceirismo, etc.), tipos étnicos e tipos regionais, etc.; 3. Cantorias e pelejas (Diégues Júnior, 1973, p. 27-29).

Como se vê, trata-se de uma tentativa de classificação, que acaba por retomar outras duas, mas não deixando de dizer que se refere a um quadro amplo. Ressalta-se o cuidado em evidenciar que essa classificação se destina a determinado estudo, que busca apresentar a temática da literatura de cordel e assentar aqueles temas que nela são constantes ou permanentes. Procura-se, enfim, selecioná-los e compreendê-los, para que se chegue, ou ao menos se aproxime, da cosmovisão do cantador ou trovador populares (Diégues Júnior, 1973). Pesquisas atuais questionam a classificação da literatura popular em verso e apontam para o seu aspecto lacunar.

Tal postura questionadora é assumida, a título de exemplificação, pelo sociólogo e professor da Universidade Federal do Ceará, Eduardo Diathay Bezerra de Menezes. Partindo de alguns estudiosos que se propõem à tarefa classificatória da poética literária popular do Nordeste, ele questiona a forma como se realizam essas classificações. Comumente feita por ciclos temáticos, elas não se completam, pois se trata de algo movente, em processo de transformação, resultando no surgimento de novas temáticas e novas aspirações que impulsionam a composição do cordel.

> Além do mais, todas as tentativas de classificação por ciclos temáticos para o nosso caso jamais chegaram a abarcar seu *corpus* inteiro, mas apenas o acervo que cada autor logrou coletar ou examinar, não indo em geral além de algumas centenas de folhetos; o que, reconheçamos, é muito pouco face às exigências da tarefa e constitui assim muito mais um viés introduzido pelas preferências dopesquisador. Mesmo se conseguíssemos juntar todas as coleções disponíveis hoje no Brasil, o fundo assim constituído não passaria de uma simples parcela de seu *corpus* total. Entretanto, não reside nessa dificuldade a questão fundamental (Menezes, 2007, p. 13-14).

O professor Diatahy sugere uma análise das mais importantes etapas históricas da literatura popular em verso, para que cada uma delas possa contribuir, por meio de temáticas predominantes, na caracterização desse tipo de narrativa. "Propor uma classificação ou tipologia é deduzir uma estrutura conceptual, ordenada segundo certas regras lógicas, de uma determinada realidade heterogênea" (Menezes, 2007, p. 16). A estrutura formal desse gênero é um fator preponderante para a sua identificação em determinada tipologia. É comum associar o cordel a cantorias e cenas de contação. O que muitos desconhecem é que, no início do século XX, com Leandro Gomes de Barros, surgem algumas regras que se consolidam com o passar do tempo, tornando-se exigências do gênero.

> A forma das poesias de cordel segue certas normas, embora seja bastante variada. Uma das mais populares é a quadra, estrofe de quatro versos de sete sílabas rimadas na forma ABCD. Outra é a sextilha que é composta de seis versos de sete sílabas rimadas na forma ABCBDB. Da sextilha surgiu o mourão, que é sextilha dialogada, com rimas AB / CB / DDB. Outra estrofe bastante popular é a décima; tem dez versos com rimas dispostas na forma de ABBAACCDDC. Os versos da décima têm sete sílabas ou dez, chamando-se, nesse caso, martelo. A repetição do quarto e décimo verso (ou do nono e décimo) chama-se mote. Existem ainda outras estrofes, como a toada alagoana, a gemedeira (em geral com o refrão ou com ai-ai-ai), oito-pés-de-quadrão etc. A apresentação estrutural também permite distinguir diversos tipos de obras: além dos romances, há pelejas, os abecês, etc. (Lessa, 1973, p. 11).

No Brasil, as décadas de 1930 e 1950 são bastante significativas para se conhecer essa arte. Como o poeta não dispunha de recursos financeiros para custear a produção e distribuição dos folhetos de cordel, foram montadas redes de distribuição. Interessante notar que, nesse período, os direitos autorais do cordelista não eram resguardados, pois eles eram cedidos a um editor-proprietário, que, paulatinamente, assumia a autoria do texto. Isso fez com que muitos autores adotassem a prática de terminar a última estrofe do poema com um acróstico. Um dos precursores e editor-proprietário de maior renome no país foi o paraíbano João Martins de Athayde (1880-1959), que se estabeleceu em Recife e comprou a editora da família de Leandro Gomes de Barros, o que fez com que muitos de seus cordéis tivessem autoria duvidosa. Sua produção e tipografia introduziram inovações na impressão dos folhetos. Para Ana Maria Galvão (2006, p. 33): "Leandro e Athayde são considerados os fixadores das normas de criação de folhetos que seriam seguidas posteriormente".

A literatura de cordel é uma narração em versos que pode apresentar os personagens, pedir licença ou inspiração para iniciar uma história, fazer agradecimentos e dedicar a obra a alguém ou a algum lugar. Nela, a memória atua por meio de uma estrutura costumeiramente rimada e metrificada, indiferente ao tempo real, conservando e inovando essa arte nordestina a partir de transgressões que concretizam a liberdade do poeta popular. Nesse ponto, é adequada a seguinte afirmação de Martine Kunz (2001, p. 62): "É no sertão onde a terra é nua, a luz crua e a seca branca, que nascem as flores da retórica sertaneja. O corpo é golpeado, mas a alma canta, denuncia a realidade vivida porque enuncia a realidade sonhada, outra, imaginária". A eloquência linguística do cordelista faz com que ele exerça o ofício poético com uma musicalidade própria daqueles que aspiram à plena recepção do leitor-ouvinte. Essas colocações se comprovam nas estrofes iniciais do cordel de Rouxinol do Rinaré e Klevisson Viana,[15] *Lampião e Maria Bonita* (2008, p. 1):

> Nosso Deus Onipotente
> Traga-me a luz infinita
> Para buscar na memória
> Minha pena precipita
> E busco a inspiração
> Pra falar de Lampião
> Com sua Maria Bonita
>
> De modo particular
> Meu gênio poético quis
> Nestes versos relatar
> A sina um tanto infeliz
> Do bravo cabra da peste
> O qual viveu no Nordeste
> Aqui do nosso país...

Como o próprio título denuncia, esse cordel trata de duas figuras históricas, mas também lendárias personagens temáticas do movimento do cangaço no sertão brasileiro, Lampião e Maria Bonita.[16] Inúmeros

---

[15] Antonio Carlos da Silva (Quixadá,1966) é Rouxinol do Rinaré e Klévisson Viana (Quixeramobim, 1972) são dois renomados poetas cordelistas cearenses. Ambos têm uma extensa produção cultural. Klévisson Viana ocupa a cadeira 11 da Academia Brasileira da Literatura de Cordel (Rio de Janeiro-RJ).

[16] Virgulino Ferreira da Silva é o nome de batismo de Lampião, um dos cangaceiros mais conhecidos no Brasil. Ele nasceu em Serra Talhada, interior de Pernambuco (1898), e morreu surpreendido pela volante na Fazenda Angicos, no município do estado de Sergipe, Poço Redondo (1938). Sua mulher, Maria Gomes de Oliveira, Maria Bonita, nasceu na Bahia em Glória, atual Paulo Afonso (1911), foi a primeira mulher que se juntou ao bando do cangaço no Brasil e morreu no mesmo ataque ao bando de seu marido. O casal e outros cangaceiros tiveram suas cabeças degoladas pela polícia, ou, como se dizia, pelos "macacos".

outros poetas também recorrem a esse tema, que consegue representar em diferentes obras a infração, a lei ou a busca da justiça. Estruturado em septilha, isto é, estrofe de sete versos, com divisão métrica em hexassílabo ou heroico quebrado, seis sílabas, e com rima regular (abcbddb), essa produção poética contemporânea dialoga com outras tantas tradicionais. É interessante perceber que a persistência de uma temática ou de uma forma não desgasta o cordel, pelo contrário, acaba fortalecendo-o como manifestação artística literária propriamente dita. Tudo isso pode ser direcionado para uma importante reflexão feita por Martine Kunz (2001, p.61): "Parece-nos impossível conceber a literatura de cordel como um todo monolítico e catalogá-la como conservadora, alienada e revolucionária". A voz dessa dupla, e por que não dizer múltipla autoria, ecoa em um palco que não tem espaço ou tempo previsto, podendo ser ouvida em folheto, romance, filme, teatro, música, pintura, enfim, em uma imensa gama de expressão cultural, proveniente de uma oralidade sertaneja que há muito a precede.

A literatura de folheto propõe incontáveis diálogos que ora atendem às estruturações fixas no que diz respeito à rima, metrificação, versificação e a temáticas, ora se mostra contra modelos padronizados. Isso se deve à sua marca vocal, que faz da poesia um lugar de transgressão, de transbordamento, ou seja, do uso de significantes que não se prendem a significados, muito pelo contrário. Então, há que se desconfiar do cordel, porque, como obra poética da voz, ele não finca raízes, mas se divide em ramificações que se alastram pelo itinerante, fragmentário, heterogêneo, complexo e audível universo literário. Ao afirmar que a inspiração, na maioria das vezes, é o que impulsiona a criação do verso popular, a professora Edilene Matos (1986, p. 27) é categórica.

> Na literatura popular em verso, o discurso se elabora tocado em sua maior parte pelas forças dionisíacas, pela sobreposição, portanto, do "inspirado". A reduzida participação intelectiva da absorção do mundo pela reflexão elabora o trajeto da literatura popular em verso, centrado na riqueza acumulada no plano da emoção, na proporção da vivência do seu criador. Essa diminuta participação intelectiva não chega a estabelecer uma crise de silêncio na literatura popular em verso, ocorrendo o preenchimento desse vazio pela expressividade do mundo, de forma total, ao construir o discurso popular.

[...]

> A poética popular, no tocante à estrutura formal constituidora do seu discurso, dá vazão ao "lado apolíneo". São as métricas e rimas obedecendo rigidamente aos padrões estabelecidos: sextilhas, versos de seis linhas, seguindo o esquema ABCBDB, ou décimas no esquema ABBAACCDDC.

Tais excertos se referem a duas vertentes da poesia popular: a temática e a forma. O tema ou motivo dessa arte, geralmente, é o resultado de experiências advindas do meio ao qual o poeta popular pertence. Impulsionado pela intuição, e não pelo uso da razão, ele agrega elementos ao ilimitado imaginário: pássaro de ferro, cangaceiros, amantes, coronéis, beatos, heróis, todos esses e muitos outros temas misteriosamente se sobrepõem entre o real e o fictício emotivo, vibrante e criativo. Daí a sua associação a Dionísio, o deus grego dos ciclos vitais, da alegria e da exuberância, conhecido como o deus do vinho. Nomeado pelos romanos como Baco, ele é a encarnação da festa, da inconstância, da falta de linearidade.

Em outro polo, localiza-se referência a formas que atendem a determinadas regras do fazer poético, isto é, uma visão apolínea da arte popular. Como o deus do sol, Apolo não se volta tanto à celebração, mas à razão, ao linear, à constância – daí sua necessidade de seguir o estabelecido. Entretanto, atualmente, no que se refere à arte popular de folheto, a obediência às regras não se configura como algo rígido, inflexível, pois recriações são possíveis até mesmo quanto à forma. Situa-se aí um reverso que acontece quando regras formais são infringidas, pois o ato de recriar permite e até mesmo requer variações, sejam elas temáticas, estruturais ou autorais, o que não compromete a presença da voz poética, favorecendo-a, inclusive.

Na literatura de cordel contemporânea, Dionísio e Apolo se encontram para transformar o folheto em uma amálgama desses elementos que o compõem. Tudo isso implica expressão da originalidade nacional de um povo "esquecido" do sertão, mas que se faz lembrar por linhas em versos, ora cadenciados com o modelo, ora irreverentes a ele. A sua abrangência, difusão, consumo ou, até mesmo, exclusividade como atividade poética, capaz de prover o sustento do artista e sua família, são fatores por vezes ignorados pelos críticos em geral. Os constantes fluxos transcriativos, realizados por obras de cordel e a partir delas, constatam o vigor de um gênero que estabelece uma enriquecedora relação de mútua presença do popular no erudito. Isso, de fato, muito contribui para uma maior autenticidade de produções que não se limitam à mera repetição. É o que se pode perceber no trecho que se segue:

> O folheto e a cantoria são descobertos, no Brasil inteiro, não mais como poesia espontânea, alma do povo ou tradição inesquecível, mas como memória do povo: filtrada pela lembrança infantil, em *Menino de Engenho*, ou exaltada à dimensão do mito, em *Cangaceiros*, de José Lins do Rego, escolhida exemplarmente para manifestar a dominação dos "mestres intelectuais do Brasil" por Graciliano Ramos, em *Viventes das Alagoas*, ou ainda intimamente integrada à representação da vida do povo da Bahia, em grande parte da obra de Jorge Amado (Santos, 2009, p. 17-18).

Da memória do povo à originalidade da expressão literária, o cordel refaz e redireciona a visão artística aplicada à recriação. Isso quer dizer que inovação e tradição estão "lado a lado", resultando daí uma amálgama de histórias e cantorias lidas ou ouvidas, enfim, de vivências que expressam o modo de ser, agir e interagir de um povo sensível ao coração que ouve, ao ouvido que canta, à boca que vê e aos olhos que sentem. Esse cruzamento de corpo e sentido é sinestesicamente proposital, pois sensações são mescladas com uma direta interferência corporal, revelando uma permuta entre intuição e corporeidade.

Em situações contextuais diversas, são sinônimos de popular: local, pobre, vulgar, inexpressivo, desregular, barato, anônimo e informe, além de outras acepções pejorativas. No entanto, para se referir ao popular, essas não são designações comuns no campo artístico-musical brasileiro, a exemplo da MPB[17], com grandes nomes, como João Gilberto, Chico Buarque, Elis Regina, Caetano Veloso e Maria Bethânia, que são reconhecidos como exemplos de criatividade, originalidade e aprimoramento na arte de compor e cantar. Evidentemente, nesse caso, trata-se de artistas e público que ocupam certo status na camada sociocultural. Literariamente, popular não apresenta essa conotação, pelo contrário, em geral, simboliza desnível em relação ao seu equivocado contraponto, a literatura dita "canônica".

Essa visão desagrada aos teóricos ou críticos mais atualizados. Por ser dicotômica e excludente, não admite diálogo, são usados "dois pesos

---

[17] MPB (Música Popular Brasileira) é a mistura de estilos musicais que ocorre desde o período da colonização brasileira. Fundem-se instrumentos e ritmos: africanos, europeus, indígenas e outros. A partir do início do século XX, o samba se torna uma de suas grandes expressividades. Daí, surgem vários movimentos musicais, sendo dois dos mais conhecidos: o Baião (1940) e a Bossa Nova (1950).

e duas medidas"[18] em um espaço que seria de convivência de manifestações artísticas literárias. Na opinião de Joseph Luyten (2005), povo e elite não constituem dois organismos estanques, pois um sempre sabe o que o outro está fazendo, seja por meio de comunicação direta, seja indireta. Lamentavelmente, o que tantos não percebem é que expressões como "popular", "canônica" ou "infantil" estão segregadas entre si, representando um prejuízo para cada uma delas, que, juntas, confeririam maior densidade, relevância e emancipação do corpo artístico literário brasileiro.

Membro dessa conjuntura corporal, a literatura de cordel insere-se nessa discussão, pois seu lugar entre escrita e oralidade é caracterizado pelo movimento da letra na narrativa poética. Como palavra em ação, o cordel é movente. Não se pode negar que o conceito de movência, que se imbrica com o de nomadismo, muito contribui para entender esse gênero como voz que se presentifica em diferentes suportes, que vão do folheto, ao livro, ao palco e, até mesmo, à exibição digital. A partir da obra de Paul Zumthor, *Performance, recepção e leitura*, publicada em 2007, a professora e pesquisadora Maria Rosa Oliveira traduz com fidelidade a soma desses dois conceitos.

> Nomadismo e movência: a voz atualiza-se em diferentes meios, em diferentes situações de performance, mas nunca é apreendida totalmente, é sempre passagem, relação, movimento nômade, encontro de presenças que se tocam por um átimo de instante, para se deslocarem logo depois, em processo de movência e transformação (Oliveira, 2009, s/p).

Por esse motivo, é impossível apreender a voz em sua totalidade e estagná-la em um tempo ou espaço. Associá-la à tradição significa o reconhecimento de que ela se renova a cada performance empreendida. Como centro de um processo relacional ininterrupto, ela sofre constantes transformações, neste caso, literária, por ser essa uma forma específica de construir a linguagem, o que evidentemente pressupõe os seus esquecimentos e retomadas. No entanto, ao mesmo tempo que essa linguagem é imbuída de um instinto de ruptura do estabelecido, ao criar o novo, recria-se o antigo. A impressão que se tem é que a tradição, via voz, está pautada nesse movimento de retrocessos e avanços, que lança novos

---

[18] Expressão usada para se referir a julgamentos desprovidos de isonomia, isto é, sem garantia de igualdade para as mesmas leis, neste caso, correspondentes ao âmbito literário.

olhares, novas perspectivas e novas sensações sobre o contemporâneo e o tradicional.

"Não há o novo sem o velho", essa conhecida afirmação tem seu fundo de verdade. "A tradição, quando a voz é seu instrumento, é também, por natureza, o domínio da variante; daquilo que, em muitas obras, denominei *movência* dos textos. [...] literalmente o murmúrio desses séculos" (Zumthor, 2001, p. 144). Interessante pensar que a voz é o instrumento da tradição, especialmente nas literaturas orais, como o cordel, que sofre variações ancoradas em convenções do gênero, mesmo que seja para transgredi-las. A metáfora "murmúrio dos séculos" é usada sob medida para colocar em discussão a voz como instrumento errante e incontido, tal qual um sussurro insistente.

Essa voz provoca uma movência textual que põe em xeque o conceito de tradição junto a valores estéticos literários. Modernidade e tradição mantêm uma relação embaraçosa, pois uma usa a roupagem da outra, claro, fazendo as customizações conscientes e inconscientes. Continuidade é uma palavra-chave no que diz respeito ao tradicional. Vista por esse ângulo, a tradição é, de fato, uma herança, como propõe o semioticista russo Tynianov (1978). Essa herança pode ser aceita ou rejeitada. Ao tratar da literatura de folhetos do Nordeste brasileiro, Ruth Terra compartilha com esse ponto:

> Os poetas populares são herdeiros da temática da literatura oral e de certo modo, das cantorias que ocorriam no Nordeste desde pelo menos meados do século XIX. A temática dos folhetos é, contudo, mais ampla. O poeta popular, além de detentor da tradição comum à literatura oral, qual o cantador, urde desafios e da sua parte, tematiza o cotidiano (Terra, 1983, p. 17).

Cabe ao poeta popular tomar posse dessa herança memorizada, repetida e recriada no contexto nordestino, usando uma voz que, como toda voz, não é apenas sua, mas de uma coletividade. Pode-se dizer que ele atua como coadjuvante de uma voz emprestada. Quanto à voz, seria ingênuo considerá-la apenas como o som produzido pelas vibrações das cordas vocais, pois tal acepção não atende à sua extrema densidade como consciência transformada em palavra. Com isso, surge um novo olhar sobre o fenômeno literário, que pressupõe uma coexistência de ecos, ritmos e sentidos por meio da palavra escrita ou oralizada. Para Leyla

Perrone-Moisés (2005, p. 68): "Cada obra surge como uma nova voz (ou um novo conjunto de vozes) que fará soar diferentemente as vozes anteriores, arrancando-lhes novas entonações". Dessa forma, tudo que já foi dito pode ser redito, inclusive, literariamente, de outra maneira.

A voz é uma memória sensorial impregnada no ser humano. A diversidade de vozes tem o poder de quebrar o automatismo, por meio da palavra como corpo sonoro e rítmico que diz até mesmo o silêncio. Sobre essa questão, ao analisar o conto machadiano "O Relógio de Ouro", a professora Vera Bastazin (2008, p. 142) o traduz como: "uma voz que tem consciência de sua ancestralidade – voz de um narrador literário que não deixa desaparecer suas marcas de oralidade". Ela denomina essa voz como "uma voz dos tempos modernos", centrada no objeto literário propriamente dito. Tal voz representa um sujeito múltiplo, que, ao proferir "eu", anuncia a junção de tudo que é absorvido ao longo da vida. Sem dúvida, a voz não precisa afirmar-se por oposição ao escrito, pois nele está presente, assim como na imagem, no gesto, no canto e na dança. Ao comportar todos esses elementos, a literatura de cordel realiza um intercâmbio entre oralidade/escritura.

> Tradicionalmente diferenciada, a escritura (do folheto) não exclui a voz (da cantoria, do romance, do conto): completa-a e renova-a, desempenhando o papel de arquivo da improvisação e do momentâneo. Tal escritura não marginalizada à dimensão oral; foi escolhida como objeto preferencial de estudo por ser relativamente estável, muito embora o texto do folheto esteja também submetido a processos de variação, reescritura e atualização. Em compensação, a cantoria, poesia do instante e por essência fugitiva, institucionalizou-se com um conjunto de regras e códigos poéticos, genéricos e teatrais, permitindo assim, ao cantador improvisar livremente sem prejuízo da coerência e inteligibilidade da mensagem (Santos, 2009, p. 19).

Toda voz é performática, devido à teatralidade no movimento intratexto e extratexto. No cordel, essa teatralidade é captada tanto pela leitura silenciosa como pela exposição contada ou cantada. Isso porque o leitor-ouvinte interage com o mundo. Segundo os estudos zumthorianos (Zumthor, 2007, p. 41): "A condição necessária à emergência de uma teatralidade performacial é identificação, pelo espectador-ouvinte, de um outro espaço; a percepção de uma alteridade espacial marcando o texto". Tudo isso requer um rompimento com a realidade, para que a alteridade seja introduzida pela intencional ficcionalidade, do autor, em determinado espaço cênico. Nesse espaço, dá-se a fluidez da linguagem dentro de uma voz concretizada, no sentido de potência humana.

> Creio ser razoável dizer que a voz é uma coisa, isto é, que ela possui, além de qualidades simbólicas, que todo mundo reconhece, qualidades materiais não menos significantes, e que se definem em termos de tom, timbre, alcance, altura, registro. Isso tanto é verdade que o costume, nas diferentes sociedades, freqüentemente liga um sentido próprio a algumas dessas qualidades. Assim, nosso melodrama, uma das formas de teatro mais populares do século XVIII e ainda no século XIX, atribuía valores convencionais a certos tons ou a certos registros da voz: o soprano marcava a feminilidade idealizada; o baixo era o registro do personagem encarnando a sabedoria ou a loucura, e assim por diante. Entre os japoneses, tais convenções foram extremamente desenvolvidas. As sociedades humanas, contrariamente (talvez) às sociedades animais, me parecem caracterizadas pelo fato de que identificam, entre todos os ruídos da natureza, sua própria voz e a identificam como um objeto, como alguma coisa que está ali, jogada diante delas, em torno da qual se cristaliza um laço social... e (na medida em que se trata de linguagem) uma poesia (Zumthor, 2005, p. 62).

São curiosas algumas definições de voz recolhidas por Zumthor (2010, p. 10): "A voz jaz no silêncio do corpo como o corpo em sua matriz. [...] O sopro da voz é criador. Seu nome é espírito: o hebraico *rouah*: o grego *pneuma*, mas também *psiché*; o latim *animus*, mas também certos termos bantos". Então, a voz é pensada como "forma arquetipal que apazigua o desejo de existência". A escrita da voz não é capaz de abafar ou amordaçar uma voz viva, que insiste em dizer mesmo o indizível. Na opinião zumthoriana (Zumthor, 2007, p. 83): "a voz é o lugar simbólico por excelência; mas um lugar que não pode ser definido de outra forma que por uma relação, uma distância, uma articulação entre o sujeito e o objeto, entre o objeto e o outro". Por isso, para Zumthor, a voz é "inobjetável", pois ela não se "congela" em um espaço ou tempo ao recusar sua fixação, por ser extremamente móvel. O gênero de cordel apresenta-se como voz e, como tal, caracteriza-se por sua inapreensão, movência e fluidez. O vozerio que emana de seus versos não deixa dúvidas de que é uma arte que resulta de observações e sensações advindas do convívio com o outro no ambiente a que pertence ou imagina. De acordo com Orígenes Lessa (1973, p. 10):

Originado provavelmente do cancioneiro ibérico, o romanceiro nordestino adquiriu com o tempo, suas características peculiares. Partindo da poesia improvisada, cantada nas "cantorias", surgiu depois poesia impressa, aliás pobremente, e vendida nas feiras e mercados do Nordeste. Os centros de impressão e venda situam-se em Juazeiro, CE; Campina Grande, PB; Caruaru e Recife, PE, e Salvador, BA. A esta poesia – que constitui a literatura de cordel propriamente dita – é dado o nome de poesia tradicional. Seus autores intitulam-se poetas populares, distinguindo-se assim dos cantadores, que são autores e executores da poesia improvisada.

A leitura desses poetas populares, mesmo silenciosa, faz-se ouvir como som que ressoa no corpo da obra e do leitor-ouvinte. A sua impressão em nada compromete a oralidade como referência para essas composições, aqui caracterizadas como sertanejas: "os poetas populares nordestinos escrevem como se estivessem contando uma história em voz alta. O público, mesmo quando a lê, prefigura um narrador oral, cuja voz se pode ouvir" (Abreu, 2006, p. 118). Nessa ambivalência, oralidade/escritura, reside uma história marcada por movimentos performáticos, no sentido zumthoriano. Os folhetos ou romances de cordel são frutos de uma memória que previamente constrói enredos, personagens, enfim, narrativas que falam sobre uma experiência advinda de vivências que podem ou não estar atreladas ao código escrito.

A escritura também é responsável por esse tipo de literatura popular. Os escritos de cordel fortalecem-se no contato com textos que versam sobre a história universal, a geografia brasileira, ou quaisquer outros temas. Não é de se estranhar que a transcriação semiótica ou reescritura de obras literárias consagradas pela crítica acadêmica seja possível em um universo que faz a aproximação do oral com o escrito, destinando-se mesmo aos que desconhecem o código verbal escrito. O cantador e o contador têm uma extrema capacidade de utilizar o cérebro como fonte de memorização não mecânica, mas viva, dinâmica, fazendo acréscimos ou recortes que atendem a um público leitor-ouvinte. Nos versos dos cordéis, realiza-se uma cena de contação, que, além de proporcionar momentos de lazer, pode cumprir a função de ser informativa e educativa, simultaneamente. Entretanto, o cordel, como toda arte, não se resume a funções, já que tem a beleza de falar sobre o percurso do homem em todo lugar e tempo.

> [...] beleza que traduz em rimas bem estruturadas, no ritmo cadenciado dos versos e em uma história, ou seja, em uma narrativa com começo, meio e fim convincentes, que provoque a evocação de valores e de sentimentos e que seja capaz de transportá-los para outros espaços e tempos, mesmo quando se referem à descrição de notícias, de acontecimentos reais. Beleza que extrapola a estrutura interna dos próprios poemas, estendendo-se à possibilidade de partilhar a leitura (Galvão, 2006, p. 190).

Diante de tais colocações, não resta dúvida de que a leitura do cordel é imprevisível e pode acontecer individualmente ou em grupo. A forma como se dá é determinante para o sentido do texto como força imaginativa. Sua palavra poética intenciona causar sensações e colocar o leitor em ação. Assim, é, antes de tudo, teatro e tem na voz a base de uma poesia corporal e gestual. Segundo Edilene Matos (2010, p. 16-17): "Daí o aspecto performático do poeta de cordel que, com voz e gestos faz a coreografia de suas narrativas. A voz do poeta, viva na garganta, presente e até vibrante no silêncio ruidoso de seus poemas, fala a linguagem do corpo". Na linguagem teatral e corporal, a literatura de cordel hibridiza os processos de oralidade e escritura na construção de um "jogo" a ser declamado ou cantado, mesmo em leitura silenciosa.

Por ser a expressão de poetas que geralmente têm pouca intimidade com a palavra escrita, embora essa não seja mais a marca do autor de cordel, esse gênero tem essência, origem e destino oralizante. É bem possível que toda a literatura também a tenha. Isso não quer dizer que haja aí uma dicotomia entre oral e escrito. De acordo com Paul Zumthor (2001, p. 9), "'oralidade' é uma abstração; somente a voz é concreta, apenas sua escuta nos faz tocar as coisas". Desse modo, a voz do cordel concretiza uma realidade e funda um mundo ficcional com suas muitas possibilidades. A escrita é uma dessas possibilidades, nesse caso, tem como apoio uma abstração oral que se alia às técnicas de composição textual para resultar na obra vocalizada, com ampla ressonância discursiva.

> Fios se tecem na trama do discurso e, multiplicados e entrecruzados, aí produzem outro discurso, trabalhando os elementos do primeiro, interpretando-os gradualmente; glosando-o, a ponto de que a palavra instaure um diálogo com seu próprio tema. Enquanto as palavras desfilam, estabelecem-se equivalências e contrastes que comportam (porque o contexto se modifica, mesmo que imperceptivel-

> mente) nuances sutis: cada uma delas, recebida como uma
> informação nova, faz-se acrescer do conhecimento ao qual
> essa voz nos convida (Zumthor, 2001, p. 200).

Pensada dessa forma, a voz inscrita no cordel é espaço de abertura, e não de fechamento. Sua artimanha de entrecruzamento de discurso oral/escrito é essencial para o surgimento de novas formas de cantar/contar. Isso requer sua adequação às expectativas de um leitor-ouvinte que apresenta novas demandas, pois, além de se inserir no meio educacional, tem acesso aos aparatos tecnológicos. Com isso, a produção e recepção do cordel sofrem alterações para atender o homem que habita nas "estradas das areias de ouro", fazendo com que o "vulto do tempo" encarregue-se de levá-las para outras paragens de maneira transformada. A transformação não permite que nada permaneça estagnado, até porque isso é impossível quando se trata de poética. Sobre o cordel, movente assim como o sertanejo, é válido dizer que ele não só informa ou diverte, mas reúne (em um folheto) condições para a sua concretização gráfica, corporal e vocal que ultrapassa as páginas escritas para se fazer voz proferida e ouvida.

CENAS FLUIDAS EM CORDEL: TRADIÇÃO/INVENÇÃO

O capítulo "Cenas fluídas em cordel" procura analisar a inscrição da performance resultante do diálogo entre voz e escrita presente de forma peculiar nos três cordéis: *As bravuras de Valdivino pelo amor de Beatriz, O idílio de Pórcia de Castro e Leolino Canguçu* e *Viola Quebrada*. Tais cordéis são analisados sob o prisma da tradição/invenção, o que não corresponde a um contraponto, mas a uma compreensão de que o movimento do tradicional está embutido na ação de inovar, e vice-versa. Isso permite que a questão seja abordada a partir da perspectiva do "verso e reverso". Em momento algum tem-se a intenção de criar ambivalências entre esses termos, pois o reverso recriado já desponta no verso tradicional, fazendo com que um esteja no outro, simultaneamente.

Tais colocações são mais bem compreendidas no decorrer das análises que se seguem. Cada cordel transita entre a conservação e inovação, em aspectos estruturais, temáticos e autorais, que fazem da sua recriação a continuidade de uma voz ancestral. Esta voz está em constante movimento, daí a sua complexidade e seu aspecto inconcluso. Os três cordéis, embora diferenciados, estão próximos na incumbência de dar voz a um lugar e a seu povo, nomeados, nesse caso, como sertão e sertanejo. A tentativa de identificar essa voz em cada cordel baseia-se em seus respectivos contextos espaciais e históricos, além do estético.

2.1 Cena I: *As bravuras de Valdivino pelo amor de Beatriz*

> **Você como tem passado?**
> *(SANTOS, [197?], p. 4)*

2.1.1 Evento em cordel

As bravuras de Valdivino pelo amor de Beatriz, produzido nos anos de 1970, século XX, é um poema em cordel de Erotildes Miranda dos Santos, o "Trovador Nordestino", que, em grande parte da sua vida, residiu em Feira de Santana, inventando numerosos folhetos da literatura de cordel da Bahia. No cordel em análise, o nome de Erotildes[19] é apresentado como autor na capa e como autor proprietário na primeira página. A vida deste cordelista é cercada de mistérios, pois o que se tem sobre ele são raros e breves comentários, a exemplo da afirmação de Franklin Maxado (2005, p. 236):[20]

> Outro bom poeta, incentivado por Rodolfo, foi o motorneiro de bonde em Salvador, Erotildes Miranda dos Santos. O seu primeiro folheto, ABC da Dança, foi comprado pelo mestre, que o aperfeiçoou e lançou com seu nome. Erotildes era de Candeal, depois veio morar em Feira de Santana e começou a escrever folhetos maliciosos como *A Palestra das três donzelas*, *O Encontro de Chico Tampa com Maria Tampada*, *O Namoro no Escuro etc.* Algumas das suas capas foram xilogravadas pelo alagoano Antonio Avelino de Sá, o Carimbeiro, que também morava em Feira.

Como se vê, o poeta Rodolfo Coelho Cavalcante, seu incentivador, compra seu primeiro folheto e, após um trabalho de aprimoramento, o publica como de sua autoria. O registro da autoria em *As bravuras de Valdivino pelo amor de Beatriz* é assegurado pela declaração de propriedade. Isso porque, na convencional literatura de cordel, não há um respaldo legal que garanta os direitos autorais de sua produção. Por isso, são usados muitos recursos na tentativa de afirmá-los; usa-se inclusive o acróstico no final do folheto. Essa, digamos, *faceta recriada*, devido à sua constante mudança no momento de se contar/cantar, é inevitável e até mesmo enriquece o texto em cordel. Tal característica do folheto, entre outras expostas adiante, denuncia a passagem da oralidade à escritura, assimilando a ideia de oralidade como aquilo que Paul Zumthor (2001) afirma implicar improvisação, o que ultrapassa a transmissão da mensagem poética. Essa improvisação, sem dúvida alguma, é um pressuposto para a recriação desse gênero literário.

A estrofe prevalecente no folheto nordestino é a base estrutural desse poema, isto é, a sextilha, amarração de seis versos. Nas suas 16

---

[19] Erotildes Miranda dos Santos, poeta negro, se associou à Ordem Brasileira dos Poetas de Literatura de Cordel (OBPLC), fundada pelo jornalista e poeta Rodolfo Coelho Cavalcante, em 1976.

[20] Franklin Maxado (2005) discorre sobre a literatura de cordel na Bahia, em seu artigo "O cordel como voz na boca do sertão", publicado na revista *Légua & Meia*. Disponível em: https://periodicos.uefs.br/index.php/leguaEmeia/article/view/1987/1471. Acesso em: 31 maio 2024.

páginas, são lançadas as 79 estrofes, metrificadas em redondilha maior, apresentando esparsas irregularidades quanto às sete sílabas poéticas rimadas em ABCBDB. A capa em papel de embrulho traz uma xilogravura com pessoas executando movimentos bruscos, comum em um folheto que anuncia a temática de bravura, de luta, sugerida pelo próprio título. Entretanto, há um novo elemento nessa estampa, que é a inserção de uma mulher, aparentemente ágil, em uma cena de combate, o que antecipa o enredo. Abaixo dessa xilogravura está o preço, Cr$ 200,00 (duzentos cruzeiros). Na quarta capa, são elencados sete títulos do mesmo autor, com o aviso de que eles ainda serão publicados.

Esse folheto se inscreve formalmente nos ditames tradicionais da literatura de cordel. Sua narrativa versificada conta a história de um casal enamorado, Beatriz e Valdivino, que, para se unirem, são capazes de cometer atos de coragem e audácia, tais como: fuga da moça que, devido à sua admirável beleza, era trancafiada pelo seu pai, Simião; refúgio na fazenda de Manuel Veloso, pai do valente rapaz; afronta ao pedido do pai de Beatriz para que sua filha fosse entregue a ele; luta na fazenda de Manuel Veloso, prolongando-se por um dia e uma noite com mortes de muitos jagunços dos dois fazendeiros. Trata-se, assim, de um enredo bastante conhecido nesse gênero literário. A luta também se configura como um elemento da tradição, mas sua perspectiva é diferenciada quando Beatriz, uma moça inicialmente frágil, se mostra destemida e entra armada na peleja entre as duas famílias. Por sua vez, Simião, que é apresentado como orgulhoso e malvado, depois de muito lutar, "pede arrego"[21] e aceita o casamento dos dois, fazendo uma bonita festa daí a 15 dias.

Ao contar essas bravuras, Erotildes dos Santos demonstra uma intimidade com o falar do povo. A falta de concordância sintática, ou a palavra falada em seu feitio escrito, não compromete o acordo travado entre leitor-ouvinte e texto em cena de cantação ou contação. O poeta inicia a narrativa de modo bastante convencional ao pedir licença aos leitores, para, em seguida, situar os fatos em Pernambuco, na cidade de Petrolina. É possível que ele tenha escolhido esse estado como palco dos fatos narrados por ser este um espaço de forte representação do folheto nordestino.

---

[21] Pedir arrego é uma expressão usada no dialeto baiano para se referir à desistência de alguém em determinada situação. Aqui, faz-se conveniente por acreditar que ela foi usada em momentos de luta e atuação do cangaço na Bahia.

Com licença dos Leitores
Vou contar uma história
De lutas e mortandade
Ódio, vingança e glória
No fim o Leitor verá
Quem saiu com a vitória

Residia em Petrolina
Um riquíssimo fazendeiro
Casado, só tinha um filho
Este ainda solteiro
Que com gosto ajudava
No serviço de vaqueiro

O nome do fazendeiro
Era Manuel Veloso
Não dava rancho a ladrão
Nem protegia medroso
Só dava valor a homem
Valentão e criminoso

Petrolina neste tempo
Não tinha civilidade
Os habitantes dali
Faziam tudo a vontade
Só conhecia o cangaço
Bravura e perversidade (Santos, [197?], p. 1).

Na primeira página desse cordel e em todo o texto, nota-se que a língua flui espontaneamente, mas com eficácia no manejo da palavra adequada, capaz de conquistar a atenção do leitor-ouvinte. Pode-se imaginá-la na boca do contador ou até mesmo do cantador, que, certamente, usam todos os recursos do poema e, por extensão do próprio corpo, para dar vivacidade ao que está sendo narrado, conferindo à palavra inventada um grau de sentido que acaba interferindo em sua performance artística. Performance aqui é entendida de acordo com a visão de Paul Zumthor, ou seja, a concretização de uma experiência poética que supõe presença simultânea daquele que fala e daquele que ouve.

> Aquilo que denomino *performance*, na acepção anglo-saxônica do termo, é o ato pelo qual um discurso poético é comunicado por meio da voz e, portanto percebido pelo ouvido. Se ocorre uma mediatização (assim, pelo rádio), o meio só é um suporte. Mas é necessário também ter em conta aquilo que se passa *antes* da *performance*. Algumas parecem livres, puras improvisações; elas supõem uma competência para tanto, que é a ordem do "ofício". Se a *performance* é precedida de uma composição escrita, a competência intervém na preparação do texto (Zumthor, 2005, p. 87).

As bravuras de Valdivino pelo amor de Beatriz resulta da junção de dois elementos que antecedem o instante da performance: a competência para o fazer poético e seu arranjo escrito. Dessa forma, o folheto, como suporte desses elementos, concretiza uma voz que se faz por memória, palavra, sonoridade, imagem, gesto, enfim, por todo o contexto que envolve de maneira ativa a produção e recepção do cordel. Um exemplo claro dessa dinâmica encontra-se na estrofe que aponta para a duração temporal da luta entre as duas famílias, em que o sol personificado assume seu frequente papel de marcador do dia, assim como a sua ausência configura um indicador da noite. Tudo isso só é possível devido a sugestões imagéticas, que acontecem a partir de lembranças associadas a vários elementos, que podem ser, dentre outros, visuais, sonoros ou gestuais.

> Assim a luta crescia
>
> Cada vêz mais animada
>
> E o sol quase se pondo
>
> Dava adeus de retirada
>
> Porque a noite já vinha
>
> Tomar conta da jornada (Santos, [197?], p. 13).

A apresentação das duas famílias é também um momento bastante expressivo: Manuel Veloso é um homem bravo, mas bom; enquanto Simião é um sujeito que gera muita desconfiança, por agir sempre de má-fé. Essas características podem ser comprovadas ou não, pois o leitor está em meio a um jogo versificado que aponta para contradições causadoras de questionamentos no leitor-ouvinte: Como Manuel Veloso pode ser considerado bom, mesmo valorizando valentões e criminosos? Esse questionamento é justificado no decorrer do cordel, pois as ações desse fazendeiro são medidas pela justiça, que, naquela sociedade, é buscada pelo uso da força física e econômica. Nesse cordel, o transcorrer das cenas é associado às imagens que favorecem o elemento ficcional, pois é como se atos de uma peça teatral realizassem-se, sucedidos, evidentemente, por outros. Trata-se aqui da efêmera teatralidade, que, assim como todo gênero artístico, só terá sentido se uma performance for construída por meio da sua leitura ou audição. Zumthor (2007) considera performance como reconhecimento, pois, ao realizar, concretizar, ela torna atual algo reconhecido da virtualidade. Há três momentos em que isso ocorre no texto, marcando um discurso calcado na ação do poeta em conduzir a leitura.

> Distante de Manuel
> Tinha outro fazendeiro
> Orgulhoso e malvado
> Sujeito muito grosseiro
> Na propriedade dele
> Só morava cangaceiro
>
> [...]
>
> Vamos deixar Beatriz
> No vigor da mocidade
> Pra falar em Veloso
> Na sua propriedade
> E seu filho Valdivino
> Com vinte anos de idade
>
> [...]
>
> Vamos deixar Valdivino
> Ao lado de sua prenda
> Disposto pra enfrentar
> A mais terrível contenda
> Pra falar no pai da moça
> Quando chegou na fazenda (Santos, [197?], p. 2-3, 7).

A narrativa se desenvolve nesse movimento que lembra o passar de páginas de um livro, ou o abrir e fechar das cortinas de um palco teatral, tendo como origem a ação do destino sobre personagens que estão à mercê do fazer poético. Despreocupado em atender a uma ética filosófica, esse fazer ocorre no espaço da imaginação, da não equivalência com a realidade objetiva, muito comum nos contos populares. A estrutura artística não é rígida, por isso, apesar de existirem modelos formais, ou preestabelecidos como acordo de um determinado gênero, nesse caso, literário, o poeta é livre para usar no texto elementos que desestabilizam uma ordem. Inicialmente, isso fica por conta do destino que une dois jovens — caso o poeta assim não o fizesse, é muito provável que esse encontro não tivesse grandes chances de acontecer.

> Valdivino um certo dia
> Depois de ter almoçado
> Mandou selar seu cavalo
> Por um fiel empregado
> Para percorrer os campos
> Como era acostumado
>
> [...]
>
> E pra chegar na cidade
> Que quizesse ou que não
> Tinha que passar na porta
> Do valente Simião
> Sendo pai de Beatriz
> Um monstro sem coração
>
> E Valdivino que ia
> Com destino a cidade
> Passando nessa fazenda
> Por uma felicidade
> Encontrou com Beatriz
> Que consagrou-lhe amizade (Santos, [197?], p. 3-4)

Com esses versos, inicia-se a trama amorosa que motiva todo o cordel. Beatriz assume uma condição bastante diferente ao se pensar na situação da mulher submissa, personagem característica de muitos cordéis. Ela não sustenta sua subalternização, ao expressar, de uma forma determinada, combativa, audaz, a vontade diferenciada de *estar-no-mundo*. Isso pode ser verificado quando ela enfrenta caminhos perigosos da arte de amar, fugindo com o seu amado, sendo essa uma decisão crucial que expressa a "tomada de rédeas" da própria vida. Ela instaura a sua integridade na potência libertária de amar. Valdivino, que se encantou pela graciosidade da moça, percebe que Beatriz pode surpreendê-lo também por ser destemida e construtora do amor que tanto deseja. Este cenário confere a Valdivino todas as energias para lutar pela sua ideal companheira. Dessa forma, não só Valdivino é surpreendido, mas também o leitor-ouvinte, ao descobrir a maneira diferenciada como o poeta se refere à mulher, tirando-lhe da redoma de princesa, característica evidenciada em outros cordéis, para a vivência de ocasiões desafiantes.

> Beatriz quando notou
> Que não tinha munição
> Pegou a tranca da porta
> E ficou de prontidão
> Quando passava um cabra
> Ela botava no chão
>
> [...]
>
> Valdivino quando viu
> Beatriz fazer trincheira
> E no grupo de bandidos
> Desenvolver a madeira
> Disse, eu com umas desta
> Atravesso a fronteira (Santos, [197?], p. 11).

Esse cordel é o resquício da saga de cangaceiros, Beatriz é uma das possíveis releituras das figuras de Maria Bonita e Dadá, ambas atuantes em combates pelo Nordeste do país, ao lado de Lampião e Corisco, respectivamente. O movimento do cangaço tornou-se um tema que pode ser projetado como uma das mitologias da literatura de cordel. Como mito, é sempre reatualizado no ecossistema cantante dos cordelistas, onde a performance transforma e renova continuamente a representação poética da vida sertaneja. Tudo isso corresponde à declaração de Ligia Vassalo

(1993, p. 77): "Refletindo o contraste entre a experiência da realidade e a inspiração à utopia, a expressão popular tende a fazer da lenda um momento de reflexão mais geral sobre as razões da vida". Mesmo sem intenção de elaborar conceitos, o poeta de cordel é porta-voz da historicidade do sertão, cantando uma poesia instintual, vivente, cósmica, telúrica e geográfica, desocultando o homem, provocando interrogação e incerteza. Por isso, pode-se sentir a complexidade do cordel no confronto entre as várias correntezas pensantes da vida.

2.1.2 Ambiente vocalizado no cordel

O fazer poético pressupõe a expressão de uma voz que, constantemente, se desloca. Nessa condição, o cordel, como um suporte dessa voz, clama pelo canto e pela teatralização. A voz do eu-poético é a grande reveladora das tendências, opiniões, visões, dos sentimentos e das ações que a figura do artista comporta. Em *As bravuras de Valdivino pelo amor de Beatriz*, uma dessas figuras é a do homem sertanejo, que não está representado na infração da linguagem considerada culta, mas na inscrição de um ambiente vocalizado no texto, por meio da cadência rítmica, das ações, das reações, dos sentimentos, enfim, do corpo que comanda a leitura, a encenação ou a cantoria desses versos. Mais do que a linguagem ou estruturação gramatical, esse ambiente é responsável pela instigante expectativa do leitor-ouvinte, que simplesmente fica à mercê dos fatos e conta com o bom senso do poeta para dar ao enredo um plausível desfecho. Para isso, o cordelista usa o seu dom de se autorrepresentar, mas acrescentando à sua trajetória, a de um homem que nele, *homem-poeta-sertanejo*, nasce e ganha novas dimensões ficcionais.

O cordelista contempla o sertão, sua gente e seus costumes, porque neles está a matéria-prima para o seu fazer poético. Essa matéria se constrói por meio da linguagem, da imagem, do som, do gesto, do rito, do mito, enfim, de uma gama de variantes que se amalgamam na tentativa de revelar o belo presente na sensibilidade de um povo em sua complexidade, porque essencialmente simples, depurado pela arte da vida. Abordar uma temática de luta é, antes de tudo, tentar reconstruir uma vida que se faz pela constante batalha contra o sol escaldante, a imposição dos mais fortes, o manejo de uma terra seca, a fome de famílias esquecidas em sua miséria e frentes patriarcais e coronelistas que se formam e se mantêm pelo vil sentimento de ganância e crueldade. Valdivino e Beatriz são metáfora maior de uma força que não se explica, a não ser pelo amor, que se resume em entrega e deslimite.

Erotildes Miranda dos Santos é um homem simples de grande sensibilidade, características que se evidenciam por meio de sua maneira de sentir o mundo e usar todas as suas percepções em prol de uma narrativa poética que enaltece a condição humana, marcada pela coragem de enfrentar desafios. O poeta consegue contar/cantar essa história versificada com bastante propriedade, pois o seu lugar de fala é o ambiente vocalizado do sertão, que aguça todos os sentidos, especialmente os originários da intuição e do presságio, capazes de revelar o encontro com o perigo ou com a esperança tão presentes. É o que acontece quando Valdivino e Beatriz adentram a casa de Manuel Veloso.

Afinal chegaram em casa
Sem haver alteração
Quando o velho viu a moça
Disse a Valdivino então
Já sei que tu foi pisar
Nos calos de Simião

O rapaz contou o caso
Como tinha se passado
Ele disse seu passeio
Foi bastante arriscado
Mas pode contar comigo
Porque estou do teu lado (Santos, [197?], p. 6-7).

A atmosfera vocal desses versos independe da explicação de Valdivino, pois, para seu pai, a circunstância, por si só, já é bastante significativa no contexto sertanejo. A voz poética de *As bravuras de Valdivino pelo amor de Beatriz* é caracterizada pela originalidade do discurso proferido sem conceituações. As suas personagens são movidas pela aproximação afetiva, por interesses próprios, enfim, por escolhas que não se baseiam necessariamente nos princípios regidos pela ética filosófica, pela realidade objetiva, mas pelo princípio de necessidade inerente ao gênero, à linguagem própria da forma, que é o cordel. Pode-se estabelecer uma aproximação entre essa característica presente em *As bravuras de Valdivino pelo amor de*

Beatriz e o que corresponde à noção de *moral ingênua*, utilizada por André Jolles ao se referir ao universo do conto, para tratar das Formas Simples.

> Por outras palavras, a Forma artística só pode, enfim, encontrar a sua realização definitiva mediante a ação de um poeta, entendendo-se o "poeta", evidentemente, não como a força criadora mas como a força realizadora.

> Na Forma Simples, pelo contrário, a linguagem permanece fluida, aberta, dotada de mobilidade e de capacidade de renovação constante (Jolles, 1976, p. 195).

O compromisso do conto, segundo Jolles, é com a sua própria forma, e não com a realidade à qual ele se refere, pois, se o universo se aplica ao conto, o mesmo não se pode dizer do conto em relação ao universo. Para Jolles (1976, p. 293): "O conto é acontecimento, no sentido de moral ingênua", sua lógica obedece a uma ética dos acontecimentos e não filosófica. Em *As bravuras de Valdivino pelo amor de Beatriz*, acontecimentos aparentemente descomprometidos com o real reforçam a presença de elementos próprios de uma forma, cuja verossimilhança interna é garantida por recursos análogos aos que Jolles encontra nas chamadas Formas Simples. Essas formas cumprem o importantíssimo papel de serem as matrizes geradoras dos demais gêneros literários, justamente por sua característica móvel e vocal. Nesse cordel, o elemento ficcional é construído nesse movimento, que vai da voz para a palavra escrita, demonstrando sua mobilidade e abertura.

> Veloso soltou o cabra
> Que ficou quase gelado
> E foi sepultar os mortos
> Como um dever sagrado
> E aqueles que restaram
> Esqueceram do passado

> Remodelaram a casa
> Ficou tudo organisado
> Prepararam o enxoval
> Daquele feliz noivado
> Com quinze dias casaram

Foi um banquete pesado (Santos, [197?], p. 16).

As mortes ignoradas e o casamento comemorado não vão passar despercebidos pelos olhos do leitor-ouvinte situado em meio a um jogo ficcional, que "brinca" com o factual e não factual em toda a narrativa, de maneira bastante espontânea. Além do mais, na tradicional temática da bravura, reside uma voz que solicita a ação daquele que canta ou conta para expressar movimentos ou sentimentos. Ao descrever uma circunstância de contato com o cordel de bravura, Franklin Maxado (2005) diz que, para ser um bom vendedor desse tipo de romance, era necessário representar as situações de luta para prender a atenção do leitor/ouvinte e despertar sua curiosidade. Toda atuação artística era treinada e ensaiada, pois a cena de exibição da narrativa dava-se por meio do "palo seco", ou seja, da voz sem acompanhamento de instrumento musical. Com isso, chegava-se a uma apoteose a ser explorada, resultando na "animação", isto é, na compra do folheto. De acordo com Zumthor (2010, p. 57): "a voz não descreve; ela age, deixando para o gesto a responsabilidade de designar as circunstâncias". Com isso, sua dinamicidade nesse cordel de Erotildes dos Santos dá-se na disponibilidade demonstrada pelo eu-poético em fazer a criação ficcional se desprender de regras formais na construção textual.

Beatriz com 15 anos
Parecia uma princêsa
Tinha educação e porte
Elegância e gentilêsa
Era a deusa dos encantos
E rainha da belêsa (Santos, [197?], p. 3).

Nesses versos, a ortografia de três vocábulos, "princesa, gentileza e beleza", não é um entrave para o poeta, mas um recurso estilístico que fortalece a musicalidade da escrita. A voz desse poeta pressupõe que a liberdade do fazer literário no cordel reside na presença de um corpo que se inscreve e penetra na escrita, fazendo desse espaço um lugar de abertura para o performático, envolvendo a contextualização, a imagem e a sonoridade. Tudo isso corresponde à distinção entre texto e obra, feita por Paul Zumthor (2005), pois entende como texto a sequência linguística formadora da mensagem, que, em seu sentido global, não se reduz ao conjunto dos efeitos de sentidos particulares. Considera que a obra, como comunicação poética, é simultaneamente texto, som, ritmo, elementos circunstanciais e visuais. A junção desses fatores resulta num sentido totalizador e não se reduz à soma de sentidos particulares. Isso mostra que o cordel em texto conduz a sua voz performatizada às ambiências essencialmente teatralizantes.

As bravuras de Valdivino pelo amor de Beatriz é uma obra poética que mantém o diálogo com a tradição da literatura popular em verso e reforça a ideia de que na arte não existem avanços, mas alterações, ou seja, metamorfose contínua. Na opinião emitida por Ariano Suassuna (2007, p. 27): "No campo da arte não existe progresso, mas flutuações, variações, modificações, mudanças. Se houvesse progresso, um pintor do século XVIII seria necessariamente melhor do que um pintor do século XVI". Pode-se dizer que o cordel é o verso tradicional com uma diferenciada estilização dos elementos da narrativa. No entanto, todos esses elementos — personagens, espaço, tempo, enredo e narrador em terceira pessoa — reforçam a inscrição, a transpessoalidade, o imaginário e o movimento teatral do corpo no ato da sua projeção: eis o corpo na sua efervescência comunicacional. Isso faz com que Zumthor (2007, p. 40) tenha razão ao dizer que: "o corpo do ator não é o elemento único, nem mesmo o critério absoluto da "teatralidade"; o que mais conta é o reconhecimento de um espaço de ficção". *As bravuras de Valdivino pelo amor de Beatriz* contribuem para o reconhecimento do espaço de ficção como um lugar de possibilidades e de multiplicidades da construção poética, que se mostra circularmente aberta ao jogo cênico. Aqui as ações das personagens não são produzidas nem interpretadas pela lógica, mas pela sensorialidade e intuição que atravessam a sequência narrativa do contexto artístico da literatura de cordel. A postura do leitor-ouvinte, por sua vez, é também de uma extrema sensorialidade. O seu corpo é absorvido pelo mistério da linguagem encantatória que, além de quebrar a linearidade de pensamento, acaba por lhe oferecer imagens, ritmicidades, gestualidades, que o contaminam no momento da percepção da arte.

2.2 Cena II: *O Idílio de Pórcia de Castro e Leolino Canguçu*

Pelas trilhas do sertão
(PIRES, 2007, p. 11)

2.2.1 Espetáculo de cordel

O idílio de Pórcia de Castro e Leolino Canguçu (2007) é de autoria de José Walter Pires, poeta baiano que compõe o corpo acadêmico da ABLC.[22] Das 22 páginas que contêm esse cordel, 13 são versificadas, e, por isso, pode ser considerado folheto. Esse folheto conta a história da paixão entre dois jovens no sertão baiano, em 1844. Pórcia, filha do coronel Silva Castro, conhecido como "Periquitão", é levada com suas irmãs para a casa da tia após a morte de seu pai. As meninas, os criados e os demais acompanhantes saíram pelas estradas da Bahia, da fazenda Cajueiro, município de Caetité, para Curralinho. Como a viagem era longa e a seca tornava o trajeto muito cansativo, a caravana recebeu hospedagem de alguns dias na fazenda Campo Seco. Por lá, ficaram o tempo suficiente para o envolvimento amoroso de Pórcia com Leolino, filho do coronel Exupério Pinheiro Canguçu, dono da fazenda. Leolino, mesmo casado, nunca deixara de ser um galanteador, assim como seu pai o fora em outros tempos. O "conluio amoroso" resulta no rapto de Pórcia, sucedendo daí vários embates entre quatro famílias: Castro, Moura, Medrado X Canguçu, até o momento em que a moça é resgatada.

Esse cordel traz algumas diferenças, se considerarmos a forma tradicional desse gênero. Sua capa e seu texto são impressos em papel mais sofisticado que o de embrulho, tendo até mesmo um pouco de brilho. Na capa, há estampada, acima do título, a inscrição "Literatura de Cordel", como se houvesse a necessidade de explicitar essa informação, que, no cordel tradicional, não se faz necessária. Como de costume, ela contém título da obra, nome do autor e xilogravura, nesse caso, assinada na vertical por Silas, um conhecido artista da cidade de Brumado no sertão baiano. Sobre o desenho que estampa esse folheto, é importante dizer que ele

---

[22] A Academia Brasileira de Literatura de Cordel (ABLC), sediada no Rio de Janeiro, foi fundada em 07/09/1988, por Gonçalo Ferreira da Silva e conta com mais de 13 mil títulos de cordel. José Walter Pires foi empossado membro da ABLC junto aos poetas João Dantas e Beto Brito, em um evento que aconteceu em João Pessoa, na Paraíba, em 21/08/2010. Informações sobre esse evento estão disponíveis em: http://oficinadecordel.blogspot.com/2010/08/poeta-baiano-na-academia-brasileira-de.html. Acesso em: 07 set. 2011.

traz a figura de uma moça de cabelo trançado e um rapaz de chapéu com uma arma em punho. Os dois estão sobre um cavalo ao brilho do luar e das estrelas, sendo vigiados por uma coruja e acompanhados pelo som de um batuque, comprovado pela presença de dois tambores situados às extremidades da xilogravura. Configura-se aí a imagem como voz, tal como propõe Paul Zumthor, no estudo de manuscritos medievais que contam com ilustrações:

> O artista não dispõe de meios para fazer escutar a voz; mas pelo menos a cita intencionalmente naquele contexto, confiando ao olho a tarefa de sugerir ao ouvido a realidade sonora. [...]
>
> Da imagem à escrita e inversamente, a referência não é unívoca. Uma só é por exceção o par da outra. Opõem-se menos em virtude de sua significância respectiva do que do tipo de correlação que une seus elementos: de um lado, associação por contigüidade de percepções sensoriais; e, de outro, codificação que implica em hierarquização de caráter, ao menos tendencialmente, abstrato. A escrita simboliza; a imagem emblematiza; uma confirma a outra, precisamente porque permanece no plano que lhe é próprio. (Zumthor, 2001, p. 125-126).

A propósito desse estudo, Zumthor cunha o termo "triângulo de expressão": voz, escritura e imagem. A imagem, segundo Zumthor, só apresenta um grau comunicativo na performance. Com isso, o elemento imagético pode ser entendido como um facilitador da leitura e tanto representar o lugar da leitura para pessoas pouco ou nada hábeis nessa atividade, como munir o público leitor de matéria para a sua exposição ou o seu comentário (Zumthor, 2001). Na literatura de cordel, o imagético, igualmente, é um mediador da leitura. Nela é mantida, inclusive, a correlação entre os elementos desse triângulo, que juntos resultam em uma ação performática, teatral.

Ao antecipar a narrativa em *O idílio de Pórcia de Castro e Leolino Canguçu*, a imagem faz com que o leitor não seja apenas induzido a um sentido, mas o extrapole. Por meio da ilustração da capa, o leitor é ambientado em toda ação amorosa e de luta, sentindo a presença da coruja e dos seus agouros e ouvindo o batuque do tambor, instrumento com forte carga significativa para um contexto emblemático, como o do idílio em questão. A presença de mandacarus, na capa, recupera o espaço da caatinga. O vocábulo "idílio" é inteiramente relacionado a esse espaço, pois, usado para se referir ao meio pastoril, não poderia ser negado em seu duplo significado: um encontro lírico-amoroso em um espaço campestre.

José Walter mantém o aspecto fantasioso da forma idílica, presente em relatos históricos e ficcionais anteriores sobre a saga desse casal, para trazer em cena o galanteio e o amor poético que subverte o tom de suavidade, próprio dessas composições. Ele faz uma introjeção, no cordel, de elementos conflitantes com o que se espera da doçura idílica: amor que leva à traição e à luta no espaço sertanejo. A presença da xilogravura, sem dúvida, reforça a caracterização do gênero cordelístico, entretanto, o volume publicado por José Walter Pires apresenta outros elementos que merecem referência. Esse cordel traz, em sua composição física, uma orelha; nela, encontra-se uma fotografia do autor, seguida de um texto do professor de literatura José Carlos Bastos. A constituição desse poema assemelha-se, em muitos aspectos, à organização de um livro. A primeira página pode ser chamada de contracapa, pois repete as informações da capa e apresenta a síntese da narrativa:

> Romance de amor, ódio e sangue, vivido no sertão da Bahia, Fazenda Campo Seco, nas proximidades de Brumado, meados do século XIX, envolvendo as Famílias dos coronéis Castro, Mouras, Medrados x Canguçus, em razão do rapto de Pórcia, tia do poeta Castro Alves, por Leolino Canguçu (Pires, 2007, p. 1).

Seguem daí algumas páginas que não são comuns no folheto da literatura de cordel. A página encabeçada como ficha técnica expõe todas as informações do poema, tais como autoria, localização, estrutura literária, esquema de rimas e biografia do autor. Fica evidente que se trata de um poema de 52 estrofes em septilhas compostas em redondilha maior, isto é, sete versos de sete sílabas poéticas, com esquema de rimas ABACCB, sendo que nenhum verso deixa de ser rimado. O item biografia do autor assim o descreve:

> [...] Zewalter, como é mais conhecido, nativo de Ituaçu, brumadense por opção, Educador por missão, amante da arte e da literatura por razões congênitas, contador de causos, cronista do cotidiano sertanejo e poeta bissexto, sempre esteve às voltas com esse pendor, mas preservado nas gavetas ou nos arquivos dos tantos amigos e parentes, com quem compartilha esses prazerosos momentos. [...]

(e-mail: fatorsh@brumadonet.com.br tel. 77-3441-1528) (Pires, 2007, p. 3)[23].

Todos esses dados não estão presentes no tradicional folheto de cordel, que expõe, na maioria das vezes, os seus pontos de revenda, sendo que o local mais comum é a própria moradia do poeta. Nesse caso, Zé Walter informa seu e-mail e telefone. Sem dúvida alguma, o acesso a determinados instrumentos tecnológicos faz com que transformações necessariamente ocorram. Tudo já indica que esse cordel é diferenciado, o que não quer dizer que haja aqui uma comparação que o situa em maior ou menor grau de importância em relação ao característico poema de cordel. O que se tem é uma produção atual com níveis de abertura que outrora não existiam até mesmo pelas condições de produção, impressão e venda do folheto, justificando-se, assim, sua transformação. O cordel, como os demais gêneros, sofre influências de seu tempo, pois permanece vivo e inserido em movimento de diálogo cultural, histórico e social. Além do mais, nessas páginas pré-textuais, o autor se dá o direito de proferir algumas palavras sobre esse poema:

> Com este livreto, aparentemente simples, mas de profundo significado sociológico, trago, mais uma vez, à discussão o fenômeno do "coronelismo" em nossos sertões, com todos os seus matizes, para fazer valer o PODER nas diversas dimensões, cujas influências respingam, ainda sobre nós.

> Assim, "O idílio de Pórcia e Leolino", descendentes dos Castros e Canguçus, respectivamente, retrata não só os arroubos de uma incontida paixão, mas o desejo de posse do macho sobre a fêmea submissa, como diferente não fora naquela estrutura patriarcal, onde preponderava a sanha do mais forte, da serventia e da escravidão (Pires, 2007, p. 3).

Interessante notar que o comentário efetivado põe o leitor em contato com um discurso interpretativo sobre o cordel antes de conhecê-lo propriamente, pois a sua leitura ainda será feita. No folheto tradicional, essa reflexão é inconcebível, seja antes, seja depois do texto, pois ele não se justifica, ou não recorre a argumentações, já que o leitor-ouvinte é introduzido na narrativa desde a primeira página. Alterações no que diz

---

[23] José Walter nasceu em Ituaçu-BA (29/02/1944), filho do casal José de Souza Pires e Waldemira Morais Pires. Cursou Ciências Sociais e Direito. Casado com Ivone Bernardino Pires, tem três filhos. Reside com sua família em Brumado, BA. Como professor e poeta, dedica-se às atividades socioculturais do município. Um de seus irmãos é o saudoso Moraes Moreira, renomado músico brasileiro.

respeito à autoria e recepção do texto-letra derivam em um novo modo de se apresentar a literatura de cordel, ao pressupor um leitor que, se não conhece, no mínimo, mantém contato com o código escrito. Isso torna viável, como o próprio autor sugere, o uso de *O idílio de Pórcia de Castro e Leolino Canguçu* para fins educacionais, fazendo com que esse acontecimento seja conhecido pela vertente histórica e ficcional, simultaneamente.

No volume, há, ainda, dois textos que antecedem o cordel propriamente dito. Um deles é "Zé e seu alçapão de pegar metáforas", do poeta e teatrólogo Esechias Araújo Lima, que, de maneira bastante particular, fala do seu contato com esse poema: "Hoje eu me senti numa feira livre, e, como só os meninos sabem fazer, passei a mão pelos barbantes em que se penduravam os livretos de cordel" (PIRES, 2007, p. 4). Esechias faz uma análise do poema no que diz respeito à versificação e ao uso de determinadas palavras do léxico sertanejo, a exemplo de imburana, uma árvore que, segundo ele, se torna cúmplice do casal, por exalar "cicio, doce, embalador, libidinoso". O outro texto é "O cordel de José Walter Pires", do historiador Dário Teixeira Cotrim. O Idílio de Pórcia e Leolino, texto publicado na Bahia, em 2005, inspirou diretamente o poeta José Walter a recontar essa história. Nesse livro, Dário faz um apanhado sobre o que já foi dito a respeito do sertão da Bahia e conta em detalhes a história de Pórcia e Leolino. Seu texto, precedendo o cordel, é como se fosse o aval do diálogo estabelecido entre historiador e poeta. Na terceira capa, há algumas linhas sobre o Sobrado do Brejo, local dos acontecimentos narrados nesse cordel. Construído entre 1808 e 1812, esse casarão, que se constitui como um verdadeiro forte dessa luta travada no sertão baiano, está exposto na quarta capa, por meio de uma reprodução fotográfica datada de 1922.[24]

Da décima página à vigésima segunda, as 52 estrofes estão distribuídas em grupos de quatro. Os versos iniciais anunciam que se trata de uma cena narrativa, para, em seguida, apresentar a linhagem das personagens centrais, Pórcia e Leolino. Nos versos finais, após a exposição de todo enredo, cumprem os agradecimentos e a dedicatória. Essa sequência garante a estrutura convencional do cordel, entretanto é evidente a preocupação do poeta em dar lógica à organização dos fatos, apoiado na história, característica essa que não se enquadra na tradição da literatura de folheto. Originariamente, ela opera a partir de outros elementos indicativos

---

[24] Tal casarão histórico do início do século XIX foi demolido. Situava-se no interior do sertão Baiano, em Brumado, antiga fazenda Campo Seco, na Serra das Éguas.

da coerência interna do texto para lhe conferir um maior grau ficcional. Essa afirmação é exemplificada na análise de *As bravuras de Valdivino pelo amor de Beatriz*. A forma como José Walter Pires ordena a sequência do cordel, segundo a estrutura tradicional, mas a perpassando com um tom elaborado e lógico, preocupado com a correspondência histórica entre os fatos e o poema, pode ser verificada nas seguintes estrofes.

> Sem entrar nos pormenores
> Da conquista do sertão
> Vou narrar neste cordel
> Uma sangrenta paixão
> Entre Pórcia e Leolino
> Que por obra do destino
> Caíram em tentação
>
> [...]
>
> Na Fazenda Cajueiro
> A história principia
> Onde o Major Silva Castro
> Com a família vivia
> Até que lhe veio a morte
> Anos depois da consorte
> Em Caetité, na Bahia
>
> [...]
>
> Em vida o Major traçou
> O seu destino final
> Que devia ser cumprido
> Pelas filhas do casal
> De viverem em companhia
> Do tutor, irmã e tia
> Noutro distante local
>
> Após a fatalidade
> Foi planejada a viagem

Pelas trilhas do sertão
Que sofria longa estiagem
Clélia, Fausta, Constança,
Pórcia, em plena punjança
A caravana e a bagagem

[...]

Se de Pórcia já sabemos
Qual a sua descendência
Agora de Leolino
Vamos dar a procedência
Que Dário Cotrim narrou
Por ser historiador
Com critério e competência

Da família Canguçu
Leolino descendia
No sertão ficou famoso
Pela sua valentia
Vil, cruel e vingativo
Sempre encontrava motivo
Para agir como queria
Casou-se com Rita Angélica
A prima muito faceira
Indo morar na Tabúa
Do sogro Alexandre Meira
Nascendo predestinado
Foi por todos respeitado
Pela vida aventureira

[...]

Chego ao final desse fato
Conforme pude narrar

Desses mitos sertanejos
Na esperança de agradar
Outro não foi o desejo
Pretendido nesse ensejo
Que dá pena terminar

Para Dário Cotrim
Vão meus agradecimentos
Pelo livro que escreveu
E inspirou meus sentimentos
Traduzidos nestes versos
Do jeito que vão expressos
Sobre os acontecimentos

E como dedicatória
Deixo ao povo de Brumado
Este singelo livreto
P'ra ser lido e declamado
Preservando na memória
Aquilo que da história
Não deve ser apagado (Pires, 2007, p. 10, 11, 13, 22).

A preocupação em dar uma sequência lógica à narrativa desfaz a aparente conformidade formal com o folheto tradicional, colocando em cena um narrador em primeira pessoa, cuja marca é o verossímil factual. Toda a narração é pautada em um fato real que é inscrito, por meio do cordel, numa trama ficcional. O que esse narrador faz, ao trazer o seu discurso, é externar o diálogo com outros textos inspiradores. A todo momento, ele dá indicações disso, seja por meio do enredo em si, seja de citações de outros escritores.

Em *O idílio de Pórcia de Castro e Leolino Canguçu*, o caminho traçado é o da escrita para a voz: deriva da composição histórica e literária, que, por sua vez, se originam de documentos e relatos da época em que o episódio aconteceu, conferindo, assim, ao poema, uma marca circular. Pode-se atribuir a esse cordel um grau de oralidade reconhecido por Paul Zumthor (2001) como uma oralidade segunda, recomposta por meio da escritura, tendendo a esgotar os valores da voz determinada pela palavra escrita, que marca, em boa medida, toda a sua expressão em uso real ou fantasioso.

2.2.2 Da "arena de vozes" ao cordel

É extremamente peculiar a abordagem do rapto de Pórcia por Leolino, em *O idílio de Pórcia de Castro e Leolino Canguçu*, pois José Walter Pires conta em versos uma história que já fora narrada em textos antecedentes. Ao trazê-la para a literatura de folheto, cria um cordel que, ao mesmo tempo, se aproxima do modelo popular e se distancia de seus clássicos princípios de liberdade ficcional. Isso se evidencia na rara incidência de uma linguagem com marcas de situação de fala e recusa ao rompimento da estruturação lógica do poema. A temática de luta corresponde à tradição do cordel, sendo a ação do cangaço no sertão nordestino um dos motivos mais recorrentes para a produção do folheto. No entanto, segundo Ruth Terra (1983), a partir do século XX, surgem temáticas que substituem as crônicas do cangaço, tais como histórias de valentes que derrotam coronéis e os sucedem.

> Foi no séc'lo dezenove
>
> Era do nosso Senhor
>
> Que esse fato aconteceu
>
> E muito sangue jorrou
>
> Entre ricos coronéis
>
> Vingativos e cruéis
>
> Como a tradição forjou (Pires, 2007, p. 10).

Nesse cordel, a clássica temática da peleja é apresentada sob um viés que não coloca em confronto valentes e coronéis, mas famílias de coronéis acompanhadas por seus respectivos jagunços. Por ser Pórcia irmã de Clélia Brasília, mãe do poeta Castro Alves, o narrador comunica essa linhagem, citando, inclusive, versos do poeta condoreiro. Tanto a questão da temática, como o empréstimo feito a outros textos, vinculam-se à seiva formadora desse folheto, isto é, a intertextualidade, termo sistematizado por Júlia Kristeva,[25] que o considera o fenômeno da relação

---

[25] Júlia Kristeva chega a esse conceito a partir das contribuições de Mikhail Bakhtin sobre o estudo da obra de François Rabelais, escritor do renascimento francês (1494-1553).

dialogal entre textos, o que se evidencia em sua recorrente afirmação: "todo texto se constrói como mosaico de citações, todo texto é absorção e transformação de um outro texto." (Kristeva, 1974, p. 64). Esse processo resulta em uma criação transformada. Para Paul Zumthor (2007), uma nova performance afeta o que é conhecido, modificando-o, ela marca o conhecimento por não ser simplesmente um elemento de comunicação. É o que pode ser verificado nas seguintes estrofes:

> Era avô o major Castro
>
> Do poeta condoreiro
>
> Antonio de Castro Alves
>
> Esse gênio brasileiro
>
> Revelando essa linhagem
>
> Mais rica fica a mensagem
>
> Transcrita nesse roteiro
>
> [...]
>
> Pelas frestas da caatinga
>
> Fez o seu brado ecoar
>
> "Vamos, meu anjo fugindo
>
> Bem longe nos ocultar
>
> Como boêmios errantes
>
> Alegres e delirantes
>
> Por toda a parte a vagar"
>
> [...]
>
> "Que sina, meu Deus! Que sina"
>
> Que castigo mereci?
>
> Era Pórcia que indagava
>
> Não bastava o que sofri?"
>
> Inda maior sacrifício
>
> Filho! Bem vês meu suplício
>
> Vão separar-me de ti!" (Pires, 2007, p. 10, 19, 20).

Esses versos compõem um diálogo literário. Informar a procedência familiar de Pórcia talvez confira ao cordel em questão uma maior relevância para os leitores que conhecem o poeta condoreiro como referência da literatura canônica. O uso de aspas nas duas últimas estrofes aludidas significa a inserção dos versos de Castro Alves nesse cordel. Após dominar a caravana e raptar a donzela, o narrador faz com que Leolino conclame versos de "Sonho da Boemia" (Alves, 1960, p. 214-244), como uma vivência da felicidade. O lamento de Pórcia pelo esquartejamento de seu filho retoma os versos de "Último Abraço" (Alves, 1960, p. 606-607), o que gera um questionamento sobre o lugar de fala do cordelista. A voz poética de *O idílio de Pórcia de Castro e Leolino Canguçu* é a voz do homem letrado, a par das criações históricas e literárias que a envolve. O poeta tradicional também é conhecedor de textos da tradição, mas, ao recriá-los, a inventividade é menos comprometida com a verossimilhança, devido aos frequentes fluxos de diálogos. Na opinião de Jerusa Pires Ferreira (1993, p. 26):

> [...] um texto em prosa tem seu próprio andamento e condições e, uma vez transposto o seu conteúdo para a expressão versificada, ocorrerá a tendência sintetizante, que faz do verso a expressão que se quer mais direta, portadora de maior força, próprios recursos rítmicos, e consequentemente mnemônicos, andamentos acentuados, que levam a maior índice de intensidade comunicativa e incisiva.

No que diz respeito à voz poética em *O idílio de Pórcia de Castro e Leolino Canguçu,* ela se distingue em muitos aspectos da voz do cantador de cordel, desde a linguagem à emissão de juízo de valor. Sua escolha vocabular não condiz com o habitual universo da arte popular, revelando a presença de um poeta letrado. A recorrência a expressões contemporâneas de uso oral "curtindo a mordomia", "fundo dos corações" e "dá pena terminar" e a palavras que remetem o leitor à escrita literária canônica "lânguidos, conluio, telúrico, abastados, volúpia e pejo", dentre outras, trazem para o cordel possibilidades expressivas que se mesclam. Ao emitir juízo de valor, o eu poético reverte o romantismo de um embate amoroso para uma paixão abrasadora, calcada em ações impulsivas. Com isso, fica subtendido que a mulher se entrega ao homem por amor, mas ele a deseja apenas como posse do corpo.

> Era o desejo de posse
> Que no macho se aflorava

> Mas, Pórcia, com certeza
> O seu amor revelava
> Entregando-se ao prazer
> No cio do entardecer
> Pois nada mais importava (Pires, 2007, p. 17).

Nesse cordel, a voz que conta, regressando a 1844, retrata as circunstâncias de uma cultura machista e ações de vingança. Situando-se fora do tempo em que é efetivamente narrado no folheto, a autoria assume um tom de denúncia das leis do sertão, que brotam da sociedade patriarcal e a ela concede todas as benesses. Nessa perspectiva, o fato de Pórcia revelar seu amor e assumir a traição não é reforçado como diferencial dessa personagem feminina. Ela é forte, decidida e não teme reagir a condições sociais impostas. Quando o sujeito lírico se volta para o século XIX, está aprisionado aos preceitos sertanejos da época, que apregoam a submissão da mulher. O mesmo ocorre em relação à Rita Angélica, esposa de Leolino, que teve uma atitude imparcial diante dos fatos narrados.

> Para uma mulher bastava
> Ser guardada com cuidado
> Sem direito a liberdade
> E destino já traçado
> De viver na tirania
> Do marido noite e dia
> Cumprindo seu triste fado (Pires, 2007, p. 14).

Em contrapartida, Leolino é apresentado como um homem de vida aventureira, que se destaca pela virilidade e coragem de desafiar a moral. Enquanto a mulher ocupa um lugar de sujeição ao patriarcalismo, o comportamento masculino é naturalmente aceitável e até exaltado como um indicador de audácia frente às imposições da lei. Esse perfil é passado de pai para filho, como uma herança que garante a sua condição como macho.

> Era um homem Leolino
> Bonito, forte e garboso
> Galanteador de virgens
> Sujeito muito fogoso
> Que do pai herdara o dote
> De jamais perder um bote
> Em um conluio amoroso (Pires, 2007, p. 15).

Uma marca definidora da recriação cordelista no poema de José Walter é a preservação da memória do fato narrado. Com explícita preocupação documental, o autor se propõe a compor um folheto sobre o idílio de Pórcia e Leolino. Ao se filiar a uma ética filosófica, esse cordel idílico demonstra uma preocupação que perpassa toda a atual sociedade, a de justificar a sua existência, abalando, assim, a dimensão ficcional, que fica inevitavelmente atrelada a outros suportes preexistentes. Um desses suportes é o romance *Sinhazinha*, de Afrânio Peixoto (1929). Para compor essa obra, o autor partiu de relatos orais dos descendentes das famílias envolvidas nessa guerra acontecida no sertão baiano. Narrou o fato mesclando o real ao ficcional, por meio de personagens como Juliano, o mascate; Sinhazinha, filha do coronel João Pinheiro Canguçu; Tomé, um confiável peão da fazenda. Essa narração romanesca prioriza a contação e escuta de história, tendo por base a de Pórcia e Leolino, que convive com outras vozes. A expressão "arena de vozes que se chocam", utilizada e descrita pela professora Vera Bastazin (2008, p. 151), como geradoras de outras formas de ver, entender, classificar ou desclassificar os gêneros continuamente impostos pela história literária, ajusta-se à atualização em cordel do discurso prosaico de *Sinhazinha*.

Na companhia de um tio, Luís Antônio da Silva Castro, partiram de perto de Caetité e pernoitaram na fazenda do capitão Inocêncio Canguçu, avô de João Batista, pai da filharada, entre os quais Exupério, o que estudava e sabia latim, e Leolino, o Lô, o herói da tragédia.

> A seca era tão grande – isto foi em 45 – que a família Silva Castro não pôde seguir viagem para Curralinho, nem voltar a Caetité. Instalada, aceitou a hospedagem fidalga que lhe deu o Capitão Inocêncio, esperando a estação das chuvas para continuar a viagem: o tio Luís Castro, vencendo a solina, continuou sozinho, esperando voltar breve para buscar as sobrinhas.
>
> Assim foi, meses depois, mas já o demônio havia feito os seus enredos. (Peixoto, 2018, p. 48).

Trata-se aqui de uma rede de memória que sustenta uma tradição poética. Zumthor (1997) afirma que a reminiscência, o costume e o esquecimento mantêm a permanência e a produtividade dessa tradição, fazendo com que o passado continue vivo e limpo de seus parasitas. Atuante é um atributo que condiz com a história de Pórcia e Leolino. Ela se arrefece em algum momento, mas em outros começa a frequentar textos de diferentes áreas e gêneros. O envolvente símbolo do sertão faz com que o leitor, ou ouvinte, possa recuar a esse momento de luta e imposição da lei como oportunidade para se repensar ações retrógradas que insistem existir na sociedade atual.

O idílio de Pórcia de Castro e Leolino Canguçu está arraigado a determinadas convenções que comandam e direcionam a fruição textual, a exemplo do constante diálogo intertextual entre passado e presente. Rememorado em tempos esparsos, Jorge Amado também se dedica a contar a história da tia do poeta, em *ABC de Castro Alves* (1941). No primeiro capítulo do livro, ele se ocupa desse episódio de amor e luta no sertão da Bahia, sendo categórico ao afirmar que essa foi a primeira lição de liberdade do poeta condoreiro (AMADO, 2010). Interessante notar que a voz poética de *ABC de Castro Alves* apresenta uma visão diferenciada da mulher, pois, se, no cordel, Pórcia é mantida em lugar de submissão, no livro, ela é reconhecida pelo narrador como a heroína do mais dramático idílio do sertão.

> O sertão cria homens fortes e mulheres belas e cria também devoradoras paixões no mais tímido peito da mais recatada donzela que vivera até então escondida no labirinto das casas-grandes. As mais tímidas mulheres do sertão quando chega o seu momento de amor são fortes como o mais corajoso cabra de Juazeiro. É a caatinga que as faz assim (Amado, 2010, p. 17).

Dependência e heroísmo permeiam a história de Pórcia e Leolino. No entanto, vale a pena destacar o papel cambiante de uma voz que se transforma em cada produção literária. Com isso, o amor desses dois jovens emerge em outros momentos, como no ensaio feito por Lycurgo Santos Filho, em *Uma comunidade rural no Brasil antigo (aspectos da vida patriarcal no sertão da Bahia nos séculos XVIII e XIX)* (1956). Nele, o autor comenta relatos orais e produções literárias e históricas, confrontando dados quanto à cena do esquartejamento do filho de Pórcia e Leolino. Segundo Lycurgo, esse fato é romanesco, criado por Afrânio Peixoto e recriado por Jorge Amado.

> Muito bonita, emocionante, mas bastante afastada da verdade dos fatos. Baseou-se quase toda, num livro de Afrânio Peixoto, adiante citado. Jorge Amado não pretendeu escrever história e quem quer que leia a sua narração

> sente-se posteriormente decepcionado ao inteirar-se de
> que a realidade foi bem outra. Porque chega a emocionar
> a dramática narrativa do romancista baiano. [...] "Pórcia –
> Uma história de amor" (Santos Filho, 1956, p. 153).

Em *O idílio de Pórcia de Castro e Leolino Canguçu,* há uma apropriação dessa passagem "imaginativa", mas isso não coloca em xeque o teor histórico de seus versos narrativos. Conforme Paul Zumthor (2005), a história pode ser delimitada por dois aspectos: documental e relato. Ao se atribuir a tarefa de reter um pedaço do real, já se tem o ficcional, e seu discurso é narração. História e ficção se amalgamam, inclusive, no livro de Dário Teixeira Cotrim, *Idílio de Pórcia e Leolino.* Após fazer um apanhado de obras e jornais que tratam do amor desses dois jovens, o autor utiliza esse abundante material para dar à obra um cunho histórico e poético, simultaneamente: "– Sabe-se que o amor faz passar o tempo e o tempo faz passar o amor... Mais uma vez expressava-se sussurrantemente a soberba Negra Tomázia com as suas sapiências de sempre" (Cotrim, 2005, p. 136). Essa atmosfera enigmática, que antecipa o rapto de Pórcia, transita do escrito histórico para o cordel.

> De sol a sol a caravana seguia a sua trilha numa lentidão
> desalentadora. A boa serviçal negra Tomázia, aflita, estava
> com o coração pesaroso e cheio de tristes presságios. Ante-
> via, a escrava, alguma coisa que ninguém seria capaz de
> entender (Cotrim, 2005, p. 112).

> A caravana rompia
>
> Silente e cadenciada
>
> Deixando a negra
>
> Tomázia Bastante desconfiada
>
> Pois tendo por certo o adágio
>
> Todo o silêncio é presságio
>
> De coisa premeditada (Pires, 2007, p. 18).

Em ambos os fragmentos, a voz narrativa vincula, à "negra Tomázia", o papel de serviçal e atribui à sua espiritualidade a profecia de segredos a serem revelados pelo destino. Apesar de serem retratados de maneira estereotipada, os negros, na opinião de Ana Maria Galvão (2006), não se consideravam como o "outro" da história, pois faziam parte do público que lia e ouvia folheto nas décadas de 30 e 40, do século XX. Acrescenta-se a esse pensamento que o negro também produziu e produz a literatura de cordel no Brasil, especialmente no sertão da Bahia.[26] A voz ouvida pela "negra Tomázia" é a voz mítico-religiosa do silêncio, que, pela leitura, se faz escuta por meio do pensamento da personagem, inscrevendo uma ancestralidade oral. Essa voz reconhece, na negra Tomázia, alguém que transita facilmente entre a realidade e o mítico. A partir dessas colocações, pode-se afirmar que a destreza de José Walter, em unir história e invenção, resulta em um cordel recriado, por guardar em seus versos um percurso vocal. Percurso esse de extrema importância, por ser *O idílio de Pórcia de Castro e Leolino Canguçu* mais um suporte dessa voz que não se aquieta, pelo contrário, inquieta, ao se fazer presente em diversificados âmbitos e discursos.

2.3 Cena III: Viola Quebrada

> *Escuta o qui vou falá:*
> *(Lima, 1987, p. 61)*

2.3.1 Panorama do cordel

Em 1945, Camillo de Jesus Lima[27] compõe *Viola Quebrada*, poema escrito ao modo do cordel. Esse poeta erudito conhecia a fundo o contexto político-social baiano e brasileiro da época. Por ser um adepto assumido dos ideais comunistas, foi preso no ano de 1964, em Macarani, cidade do interior baiano. Passou por diversas prisões, sendo libertado em 1973. Em 1975, com Ernesto Geisel na Presidência, a ditadura chega a extremos, e com isso morrem misteriosamente grandes nomes da sociedade brasileira, dentre eles, Camillo Lima, vítima de um inusitado atropelamento em Itapetinga, Bahia. Esse fato deixa para a história da literatura do Nordeste

---

[26] Sobre essa questão, ver artigo de Franklin Maxado, "O negro na literatura de cordel", publicado na revista *Sitientibus*, n. 12, p. 93-100, 1994. Disponível em: https://periodicos.uefs.br/index.php/sitientibus/article/view/10046/8367. Acesso em: 31 maio 2024.

[27] Camillo de Jesus Lima nasceu no dia 8 de setembro de 1912, em Caetité-BA. Filho do professor Francisco Fagundes Lima e Dona Ester Borba de Lima, foi condicionado desde a infância ao autodidatismo, pois teve contato com os grandes clássicos da literatura e da história.

brasileiro a imortalidade daquele que fez da palavra poética um bálsamo que exala do sertão para outros ares. Conforme sua *Antologia Poética*:

> Falava e escrevia francês, inglês e castelhano. Em 1931, muda-se para Vitória da Conquista onde trabalha como professor e colaborador de jornais do interior e da capital do Estado. Funda a Ala de Letras de Conquista, em 1937, com o fim de difundir a arte na região. É eleito seu presidente, permanecendo no cargo até 1943. Do seu casamento com Dona Maria José Santos Lima (Miriam) nasceram dois filhos: Albion Helênica e Luis Carlos. Inicia sua carreira literária, propriamente dita, com a publicação de "As Trevas da Noite Estão Passando" em 1941, feita em conjunto com o poeta conquistense Laudinor Brasil. No ano seguinte participa de um concurso literário, promovido pela Academia Carioca de Letras, recebendo o prêmio Raul de Leoni e o título de "Maior poeta moço do Brasil (Lima, 1987, quarta-capa).

Camillo Lima, por meio de *Viola Quebrada*, inova no que diz respeito à tradição do gênero de cordel, usa uma linguagem que hibridiza o falar culto com o falar matuto do homem do sertão. Ademais, seu título já é bastante sugestivo, pois se refere a um instrumento musical esfacelado, fragmentado. A palavra "viola" permite uma tradução semântica bastante expressiva. João *viola* o espaço urbano; o subdelegado *viola* o direito, quando deveria garantir seu exercício; os versos *violam* a frieza do representante do poder; João *viola* a perda da viola, substituindo-a por um sentimento, a saudade. Enfim, *Viola Quebrada* é um instrumento que *viola* o silêncio do sertanejo. A viola é o canto, é o poeta cantador e, por que não dizer, é a sua voz. Ao quebrá-la, têm-se rupturas, divisões, impedimentos, transgressões, estilhaços, silêncios e ecos. A palavra poética não fala do objeto, ela o incorpora, pois é sua imagem criada não a partir de convenções, mas de movimentos corporais e mentais que permitem que o leitor assuma qualitativamente o objeto. Numa mescla de prosa e verso, *Viola Quebrada* não segue a tradição da literatura de cordel, mas, de maneira irreverente, se assume como voz desse gênero. Isso quer dizer que o cordel não espera ser escrito desta ou daquela maneira, porque está aberto a mudanças, a *violações*. Devido a essa natureza móvel, o cordel, como narrativa oral, se presta ao conto/canto.

> Em todas as línguas, os termos que remetem às noções, para nós distintas, de "ler", "dizer" e "cantar" constituíram assim, por gerações, um campo lexical movediço, cujo

único traço comum permanente era a denotação de uma oralidade (Zumthor, 2001, p. 41).

Viola Quebrada é uma representação dessa oralidade na literatura de cordel. Suas *violações* correspondem a uma variação no gênero, especificamente quando se pensa na forma. Camillo Lima consegue, por meio do verso, chegar ao reverso. Os versos camillianos, nessa obra, não seguem uma modalidade estrutural da produção cordelista, não têm compromisso com a métrica e não atendem a uma regularização de versos em cada estrofe. Essa sequência de negações em nada interfere em sua qualidade poética. Os seus 252 versos livres, distribuídos em 21 estrofes rebeldes, remetem aos primeiros repentistas brasileiros no início de uma literatura chamada "nordestina", porém não dá ao interlocutor, no caso, o subdelegado, a oportunidade de revidar às suas colocações, como acontece no repente. No que se refere às chamadas figuras do som, destaca-se a rima, que acontece de maneira heterogênea: alternada (abab), emparelhada (aabb), intercalada (abba) e até a rima órfã ou perdida, isto é, aquele verso que não tem rima. Contudo, atende a uma característica primordial do cordel: apresenta a possibilidade de ser musicado. Na opinião de Silva (2005, p. 41): "Os textos contemporâneos apresentam um cuidado especial [...] com a beleza rítmica e com a preciosidade sonora". Ademais, já se pode notar certa rebeldia em relação à tradição do cordel nas suas linhas iniciais, pois, no lugar das costumeiras introduções com pedidos de licença e apresentações, há uma contextualização do poema, feito em prosa e linguagem formal.

> João Macambira veio do Sertão, fugindo da seca. O sol secou todas as aguadas. O gado morria, olhando o céu, com olhar de cortar o coração. Gente morria de fome, pelas estradas. João Macambira deixou o rancho e partiu em busca das matas. Na terra do exílio, o sertanejo começou a tocar a viola que o acompanhou no êxodo. Irado, o subdelegado de polícia do arraial – velha formiga que não gosta das cigarras – dando com a viola nas pedras, reduziu-a a pedaços. João Macambira, com os cacos da viola na mão, assim falou para o assassino da sua grande amiga e companheira de infelicidade (Lima, 1987, p. 61).

A partir desse parágrafo, os versos do sertanejo fluem como um apelo à escuta. O discurso prosaico introduz um relato a respeito do homem comum do sertão e de seu processo migratório pela vida. É usada uma metáfora que condiz com o período histórico vigente e com a seca propriamente dita "Na terra do exílio". Essa terra ganha outro sentido ao se considerar o lugar de isolamento ocupado pelo poeta. Nada no cordel é por acaso, já que o narrador inscreve o discurso de João Macambira dentro do seu. *Viola Quebrada* recria na escrita o ritmo da oralidade.

> Seu moço, qui é qui eu lhe fiz
> Prá vancê fazê assim?
> Rebentou minha viola,
> Bateu vinte vez em mim.
> Qui é qui a pobre da inocente
> Fez de male, minha gente?
> Esse farso testemunho
> Mais quem foi que alevantou?
> Quem bate numa viola
> Não tá bem certo da bola:
> Bate ni Nosso Sinhô
> Escuta, seu delegado,
> Escuta o que vou falá
> Anceis aqui não têm alma,
> A partir do maiorá.
> Quem pega numa viola
> Cum mão de raiva, zangado,
> Dá tapa in cara de mãe,
> Chama o pai de excomungado (Lima, 1987, p. 61).

Esse poema não recorre ao uso da xilogravura. O seu movimento performático gira em torna da palavra escrita e das imagens por ela sugeridas. Ao explanar sobre as cinco operações do ato de performatizar, a saber, produção, transmissão, recepção, conservação e repetição, afirma Zumthor (1997, p. 34): "cada uma dessas cinco operações se realiza, seja pela via sensorial *oral-auditiva* [...] seja por intermédio de uma inscrição, exposta à percepção visual". No cordel de Camillo Lima, essa inscrição se situa no cenário de um monólogo. Nesse cenário, o silêncio se rompe, e uma coletividade humana ganha voz por intermédio da personagem João Macambira.

> Minha viola de pinho...
> Quanta vez, pelo caminho,

Queimado de tanto só,
Eu tirava ela das costas;
Sentava junto da estrada
E cantava uma toada
Tão triste de fazê dó:
Nos mato nem uma foia!
Os pés pocado de bóia
As mão tremendo de fome,
Quando eu tirava das cordas
A toada que ela gemia,
O male, a dô esquecia,
Ficava memo outro home.

[...]

Cheguei as veis a pensá
Qui eu tinha junto do peito
Uma sodade de pinho
Que soubesse soluçá.

Mais antes vancê me desse
Sete anos de cadeia.
Antes vancê me matasse,
Me batesse, me pissasse,
Antes me metesse o bolo,
Do que quebrá a viola
– Minha vida, meu consolo –... (Lima, 1987, p. 62).

A viola, João Macambira e o subdelegado são as três personagens do cordel. O número reduzido de participantes é condizente com um sertão desértico, abandonado por conta da seca. "A viola, como o violão, é chamada metaforicamente *pinho*, do nome da madeira usada na sua fabricação" (Santos, 2009, p. 176). Camillo Lima atribui características humanas a esse instrumento musical, isto é, o personifica por meio de palavras como: "triste", "gemia" e "soluçá".

A fome não permite que João Macambira esqueça a sua condição sub-humana, no entanto, é no som da viola que ele encontra um "consolo", não uma "solução". Nessa passagem, é possível identificar um tom questionador das políticas públicas no sertão nordestino. Os poemas que têm como temática a seca e a exploração dos retirantes, agricultores e comerciantes não contrapõem o campo à cidade. "O povo é explorado pelos poderosos em qualquer lugar. Mesmo ao nível da moralidade esta oposição não é acentuada: em muitos folhetos, os poetas clamam contra os novos costumes" (Terra, 1983, p. 76). Demonstrando ser consciente dessa exploração, João Macambira desafia o subdelegado.

> [...]

> Ancê nunca abandonou
> Uma casinha pequena
> Pra caçá o que comê;

> [...]

> Ancê é gordo e luzido,
> É bonito e bem ricaço.
> Ancê nunca viu a roça
> Esturricando de só
> E a tarde morrendo, triste,
> Sem um grito de sofrê,
> Sem um pio de tiê,
> Sem choro de noitibó.
> Ancê nunca viu a serra
> Vremeia de fazê medo
> E o sol queimando e acabando
> Com tudo derna de cedo.
> Ancê nunca viu a fome
> Levando ancê pulo braço...
> Ancê é gordo e luzido,
> É fortão e bem ricaço... (Lima, 1987, p. 63).

Em meio à terra seca e ao sol cinzento, o poeta dá vida aos elementos que compõem o sertão: o choro do boi, o canto dos pássaros, tais como, sofrê, tiê e noitibó. Quando ele se refere à casa, não é qualquer casa, mas uma "casinha". Entende-se que essa é uma maneira afetiva de se falar sobre a casa, não apenas como um objeto, mas, principalmente, como um lar, do qual ele tem saudade. Ao se dirigir ao subdelegado, há uma repetição que enfatiza a diferença entre eles: "gordo, luzido, fortão e ricaço". É curioso o uso da reticência no final de alguns versos. É como se o poeta dissesse: "leia-se mais, pois esses versos não são capazes de expressar tudo o que se tem a dizer". Toda a construção poética de *Viola Quebrada* evoca o ambiente natural e cultural do Nordeste brasileiro, que está originalmente associado ao universo do "popular", devido à sua gente, cultura e condição socioeconômica. A ideia da viola como companheira é reforçada em seus versos.

> [...]
>
> Óia, arquidita, seu moço,
> Muitas vez eu vi a lua,
> Cas estrelas, toda nua,
> No céu quilaro dançá!
> Drumia quela no peito,
> - A viola cumpanheira –
> E, as veis, eu pensava inté
> Qui tava memo abraçado
> Nos braço de uma muié...
>
> Da viola pra muié
> É pequena a deferença.
> Ancê óia, escuta e pensa.
> Eu juro, esta fala é franca:
> A viola tem cabelo
> Nas dez cordas qui ela tem.
> Tale quale uma muié,
> Ela tem braço também
> E tem cintura e tem anca
> A viola fais chorá
> E chora a hora qui qué;
> Tale quale uma muié,
> Derrete toda na mão
> Da pessoa qui qué bem.
> Só inziste duas coisas

> Qui ela tem e muié não:
> É qui a viola de pinho
> Tem alma e tem coração... (Lima, 1987, p. 64-65).

A associação da viola à mulher, ao longo do tempo, tornou-se lugar-comum, porém, ao compará-la à mulher, o poeta não apenas descreve o aspecto físico, mas se refere ao choro, à alma e ao coração. A voz narrativa, a partir daí, concretiza a imagem do sertão nas manhãs de domingo; descreve o mato como cheiroso; faz referência ao canto do cancão, tipo de gavião, chamado também gavião-preto ou carcará-preto; tudo isso, para resgatar a beleza existente nesta imagem. Esse é um tipo de beleza significativa, pois, apesar dos óbices encontrados para se viver nessa terra, o homem sertanejo com ela se identifica e se encanta. A viola, historicamente, faz parte do seu cotidiano; encostada em seu peito, ela chora em um "rio-abaixo chorão", porém este rio não é uma corrente natural de água, mas uma música de viola, de fundo dolente e nostálgico, que pode ser associada à voz do próprio poeta, que expressa sensibilidade em tudo o que diz respeito ao sertão. O sol é descrito como bravo, comparado a uma brasa que queima tudo, inclusive o céu. Nesse momento, evidencia-se o enredo comum à produção de cordel, pois ocorre o embate, a peleja, a luta pela sobrevivência. E o "inimigo", nesse caso, o sol, é invencível, pois não se pode alcançá-lo ou atingi-lo.

> E nas menhã de domingo,
> Nas belezas do sertão,
> Quando, no mato cheiroso
> Abria a guela o cancão
>
> [...]
>
> Eu botava ela no peito...
> E ela danava a chorá,
> Num rio-abaixo chorão...
>
> [...]
>
> Gritava no arto o xexéu.
> E o só brabo, qui nem brasa,
> Queimava os mato e as casa,

Botando fogo no céu (Lima, 1987, p. 65-66).

Ao ouvir essa narrativa versificada, o subdelegado chora. Nesse momento, a intervenção do narrador-autor é fundamental para enfatizar o choro e, principalmente, para quebrar a linearidade da narrativa e presentificar o narrador: "(*Vendo que o subdelegado enxuga uma lágrima*)" (Lima, 1987, p. 67). Após essa interrupção dos versos, o texto toma outra direção. Em tom sóbrio e carregado de reflexão, a voz narrativa inverte a condição submissa do sertanejo. Quem chora agora é o subdelegado e o que ele representa, talvez, ao reconhecer sua insignificância diante de algo maior, que é o sentido da existência. Com efeito, é belíssima a ideia de que a memória é a possibilidade de manter guardado aquilo que não se tem mais. Por sua vez, ela manda para a boca ou para o papel um sentimento único e verdadeiro, que é a saudade. Pode-se entender, ainda, que a viola despedaçada é uma forma metonímica do próprio sertão, marcado por adversidades naturais e históricas: longa estiagem e terra seca, somadas à desigualdade socioeconômica e ao descaso político. Algo difícil de ser imaginado inteiro, entretanto o poeta alcança uma esperança de completude no lirismo versificado.

> Não chora qui eu guardo os cacos
> Pra amá e querê bem.
> Coisa mio pode havê
> Do qui a gente podê tê
> O qui teve e já não tem?
>
> Deus qui paga ancê, seu moço,
> Sua raiva e crueldade.
> Meu patrão, ancê quebrou
> Minha vida, meu amô,
> – Uma viola de verdade. –
> Mas comigo ancê deixo
> A frô qui não morre nunca,
> Qui vai comigo pra cova,
> Sempre viva, sempre nova,
> Sempre cheia de bondade:
> Viola qui ninguém quebra,
> Feitiço qui nóis conhece

Pulo nome de sodade!... (Lima, 1987, p. 68).

A viola, nos últimos versos, assume um caráter de objeto inquebrantável espiritualmente, pois sua lembrança traz um sentimento que se chama saudade, comparado a um feitiço que renova o que é velho e faz viver o que não tem vida. Pode-se dizer que, em *Viola Quebrada*, o uso da linguagem matuta é uma estratégia para evocar o contexto sertanejo, por meio de palavras ou expressões que tentam recuperar timbres, sons e tons da fala regional. Com isso, garante ao leitor-ouvinte a sua adequação e integração nesse universo popular a que pertence o cantador, transportando-o para o mundo do sertão. Na edição fac-similar de *Violas*, publicado pela primeira vez em 1935, o escritor e pesquisador baiano, Anísio Melhor (2002, p. 17), afirma:

> O violeiro tem a preocupação da acústica na medida dos seus versos. Desconhecendo a arte da metrificação, o verdadeiro mestre da trova popular é o ouvido, o qual limita o tamanho do verso, ajustando-o à extensão dos compassos da musica. Um cantador famanal tira, naturalmente, proveito de todos os recursos do seu dialeto, deformando ou trucando a palavra para que ella melhor se funda na medida imposta pela cadencia.

> Assim eles dizem em modificação acidental: *gúela* em vez de *guela, salanzala* em vez de *sanzala* (senzala) *pixaim* em vez de *pixauim, purivido* em vez de *privido* (prohibido) ou vice e versa.

Na literatura de cordel, não há um contraste entre o que o poeta diz e canta, já que ocorre uma adequação do tema à situação, nesse caso, em linguagem sertanista. A voz poética não se reduz à palavra ou ao som, nem sequer ao significado que jamais se esgota. "A poesia não é só o que se quer dizer, o que se diz, ela é sobretudo o como se diz. O poeta tem o poder de agir sobre a palavra para ultrapassar os limites estipulados pela linguagem contratual."[28] Não se pode falar de poesia sem incluir o corpo, sem incluir elementos verbais e paraverbais. Segundo Paul Zumthor (2005, p. 148), "o corpo leva ao meu conhecimento (ao 'representá-lo', no sentido cênico da palavra) o discurso que sustenta a poesia". Em *Viola*

---

[28] Anotações de aula da disciplina "Teoria da Literatura: A poesia como poiesis e performance: dos ritos e cantos primordiais à poética contemporânea", ministrada pelo professor Dr. Fernando Segolin, no 2º semestre/2010 do Programa de Estudos Pós-Graduados em Literatura e Crítica Literária da PUC-SP.

Quebrada, a palavra é usada para representação do real como forma de troca de experiências, por meio de um jogo performático. Nesse jogo, a mensagem é encenada, a palavra entra no palco da página do cordel. O que se tem é teatro, na construção de rimas, ritmos, imagens e linguagens que assumem e presentificam o outro.

> Na saída, os óio cheio Dágua,
>
> a alma a se afogá,
>
> Nós jueiemo na terra
>
> Mais nóis não pôde falá.
>
> Eu botei a mão no bojo,
>
> No bojo desta viola
>
> E disgramei a tocá.
>
> Ficava a fala intalada,
>
> Só ela pôde falá
>
> Disse adeus pru nois a casa,
>
> Ao campo do meu sertão,
>
> Ao morro todo pelado,
>
> Ao rio que tinha virado
>
> Branco lençó de areião.
>
> Toquei seu moço, toquei.
>
> Parecia que na mão
>
> Tinha uma força emprestada
>
> Pru coisa feita do cão.
>
> Toquei, toquei de joeio;
>
> Disse tudo o que sentia.
>
> A sodade, a pena, o amô,
>
> A tristeza e toda a dô
>
> Qui eu tinha no coração (Lima, 1987, p. 66-67).

É evidente que a poesia aspira à não representação, para oferecer ao leitor um signo que não representa, mas é, pois a performance aspira à não linguagem. A palavra representativa cria imagens, sons, cheiros, gostos, tatilidades. No entanto, a única maneira de estar com ela é lendo-a performaticamente. Camillo Lima fala de "uma força emprestada", essa força poética estimula o diálogo, mediador entre o homem e seu lado espiritual, via corpo, diálogo entre corpo e alma. Dessa forma, nas poéticas da voz, o leitor é convidado a ter uma postura de ator, e ser ator é ter uma consciência mais aguda do ser, do corpo como linguagem. O grande desejo do poeta é anular a representação, para que a palavra dê a experiência direta. Para o filósofo e escritor francês, Roland Barthes (2007, p.16), "é no interior da língua que a língua deve ser combatida, desviada: não pela mensagem de que ela é o instrumento, mas pelo jogo das palavras de que ela é teatro". O cordel é fundamentalmente teatral, coloca seu leitor-ouvinte em ação. Como toda arte, é uma estratégia criada pelo homem no intuito de realizar o impossível ou o desejado, para experimentar aquilo que não é, mas que pode ser por meio de palavras que encenam histórias.

> [...] na hora em que, em performance, o texto (que geralmente, na nossa cultura, é composto por escrito) se transforma em voz, uma mutação global afeta suas capacidades significantes, modifica o seu estatuto semiótico e gera novas regras de semanticidade. O tempo que continua a audição e que dura a presença, o gesto e a voz colaboram (necessariamente) com o texto para compor o sentido.
>
> Uma tensão assim criada entre obra e texto chega até à absorção total deste naquela (Zumthor, 2005, p. 148).

A teatralidade pressupõe sentidos. Esses sentidos são gerados a partir de vários elementos performáticos, inclusive o temporal. Por esse motivo, ela é única, pois é incapaz de ocorrer isoladamente e sempre acaba por sofrer variações. Não só aquele que executa a ação teatral, mas também o que a recebe, estão em meio a um contexto maior, que admite rupturas e conexões, fazendo com que a arte esteja em constante processo de diálogo resultante em transformações. *Viola Quebrada* é um exemplo disso, porque, em consonância com outras produções, esse poema escrito ao modo do cordel é uma voz que pode remeter-nos também à importância da literatura. O poeta, como criador, tem uma importância política, ética e estética, por participar do contínuo processo de transformação humana, embora sejam os atributos do ser que mudam, e não a sua essência. *Viola Quebrada* coloca em discussão o valor da arte.

2.3.2 O cordel como defesa do "princípio do prazer"

No cordel *Viola Quebrada*, o sertanejo conquista o direito ao exercício da voz, demonstrando seu sentimento em relação à terra, à cultura e à vida, de modo geral. O que marca essa voz não é o uso de um linguajar caipira, mas a presença de alguém que conhece e vive a problemática socioeconômica do sertão. Tudo isso é representado na viola, instrumento que tem grande importância para a história cultural do Brasil. Nesse cordel, há indícios de uma escrita marcada pela leitura de *Violas*, livro que declara ser a viola brasileira o resultado de uma recriação desse instrumento.

> A viola serrana, a viola de dez cordas é um instrumento essencialmente brasileiro. Com os primeiros colonos, povoadores dessas mattas verdes e dessas praias encantadoras veio a viola de seis cordas, a viola de arco, onde o branco cantava as saudades de sua pátria, recordava na dolencia do fado amores antigos, saudades outras, que o coração não queria esquecer. O brasileiro inspirado na viola do reinol e na guitarra gallega creou o instrumento rude que é hoje a graça, o sentimento, a interpretação mais viva da alma do nosso vaqueano. Para cantar a riqueza do nosso paiz, as nossas maguas e as nossas alegrias, não bastavam as seis cordas da viola portugueza; fizemos a nossa. Demos-lhe a nossa alma; ella interpreta toda a alacridade das nossas manhãs, a graça brejeira das nossas cafusas de seio empinado, chora a tristeza suave e doce   dos nossos crepúsculos, onde a linha azulada da serra parece receber o banho de nuvens de sangue e ouro, na hora em que morre silenciosamente o sol (Melhor, 2002, p. 10).

Ao se referir à viola, o narrador de *Viola Quebrada* inova na estrutura do gênero de cordel, mas mantém uma correspondência cultural atávica com esse instrumento musical, que, tal qual o cordel, é recriado em terras do Brasil, no sertão nordestino. O fato é que o universo literário realiza uma transcrição semântica da elasticidade e do movimento da vida. Por essa razão, obras dialogam em tempos e espaços bastante diversificados. O homem sempre tem histórias para contar, mesmo que, para isso, tenha que se assumir literalmente como bicho falante e pensante. É o que ocorre na fábula, um tipo de narrativa que atribui características humanas a animais, objetos, vegetais e deuses. Esse processo é chamado de prosopopeia ou personificação, recurso de linguagem comumente utilizado na produção ficcional. O folclorista Câmara Cascudo emite uma síntese conceitual sobre o gênero fabular:

> A expressão popular e democrática, alheia à exegese religiosa, é a fábula, a estória onde os animais discutem, sentenciam, decidem prêmios, castigos, ironias e louvores, substituindo os homens em suas virtudes e vícios. Esopo não tivera outros personagens, já citados na memória do povo grego antes de Heródoto [...] (Cascudo, 2006, p. 94).

Muitas são as acepções para esse gênero, porém o que de fato interessa é o seu caráter nômade, que se origina no conto popular. Esopo, considerado o primeiro fabulista, é uma figura de existência duvidosa, mas que supostamente viveu na Grécia Antiga, no século VI a.C. As histórias desse escravo alforrio influenciaram e ainda influenciam muitos escritores. Um deles é o escritor francês Jean de La Fontaine (1621/1695), que transformou a sua prosa em versos (1668-1694). Na fábula "A Cigarra e a Formiga" ocorre a seguinte alteração:

A cigarra e as formigas

Durante o inverno, as formigas trabalhavam para secar o grão úmido, quando uma cigarra faminta lhes pediu algo para comer. As formigas lhe perguntaram: "Por que, no verão, não reservaste também o teu alimento?". E a cigarra respondeu: "Não tinha tempo, pois cantava, alegrando o mundo com minha melodia". E as formigas, rindo, disseram: "Pois bem, se cantavas no verão, dança agora no inverno".

Moral: Descuidar de certos trabalhos pode trazer tristeza e faltas (Esopo, 2006, p. 161).

A cigarra e a formiga Bocage[29] (Trad.)

Tendo a cigarra em cantigas
Folgado todo o verão
Achou-se em penúria extrema
Na tormentosa estação.

Não lhe restando migalha

---

[29] Manuel Maria de Barbosa l'Hedois du Bocage, poeta arcádico português (Setúbal 1765 - Lisboa, 1805), se insere num período de transição de estilos literários, do clássico para o romântico. Isso faz de seu nome uma forte presença na literatura portuguesa do século XIX.

Que trincasse, a tagarela
Foi valer-se da formiga,
Que morava perto dela.

Rogou-lhe que lhe emprestasse,
Pois tinha riqueza e brio,
Algum grão com que manter-se
Té voltar o aceso estio.
"Amiga, – diz a cigarra –
Prometo, à fé d' animal,
Pagar-vos antes de agosto
Os juros e o capital."

A formiga nunca empresta,
Nunca dá, por isso junta:
"No verão em que lidavas?"
À pedinte ela pergunta.

Responde a outra:
"Eu cantava Noite e dia, a toda hora.
– Oh! Bravo! torna a formiga;
Cantavas? Pois dança agora!" (La Fontaine, 2006, p. 43-44).

Da prosa de Esopo aos versos de La Fontaine, a fábula transmite uma lição de moral, explícita ou implicitamente. Numa leitura mais atenta, pode-se perceber que essa fábula não é uma apologia ao trabalho, nem mesmo seu menosprezo. O autor ironicamente apresenta a ideia convencional de trabalho como algo que gera lucros e garante o sustento. Os fabulistas, por intermédio da formiga, falam da função social do homem comum que desempenha uma atividade prática, útil. Para eles, a formiga, símbolo do trabalho, se contrapõe à cigarra, que ocupa o papel do artista, o qual também é o do fabulista. A cigarra é tida como uma inútil, pois sua arte não serve para nada, não dá retorno financeiro, portanto não atende às necessidades diárias. Na prosa, a moral é destacada do texto. Os versos a escondem e a revestem, como na palavra "pedinte", que se volve para a pessoa que não produz, que pede por não ter inclinação ou disposição para o trabalho. Na transmutação do ato de cantar para dançar, paradoxalmente, é dado um conselho: continue aí com sua arte que eu cá continuo com minhas atividades cotidianas; assim, o lugar do artista é o lugar do excluído.

No entanto, o que seria do homem sem a arte? Este claudicante questionamento atormenta as mentes humanas desde sempre. É inimaginável a inexistência da arte, pois ela é uma criação humana de valor incalculável; uma forma de resposta às inquietações pessoais e sociais; o preenchimento de um vazio universal; a oportunidade de dizer o indizível. A arte é uma fonte inesgotável de recriação da vida. Ela requer habilidade, competência, mestria, intuição, técnica, requinte, astúcia, harmonia e labor. A fábula, por sua vez, é um gênero de transição, que se volta para o labor artístico, porque ela é toda construída ficcionalmente, dizendo uma coisa para significar outra. Esse gênero é muito usado para fins educativos. O importante desafio é saber que tipo de orientação é dada no momento de seu contato com o leitor.

> No passar do tempo, todo Esopo foi sendo atualizado para o sabor de cada geração, especialmente na parte dedicada ao ensino, fábulas que foram apólogos de virtudes cristãs, vindas embora de cinco séculos e meio antes de Cristo, como as de Esopo.

> Curiosamente, Esopo é uma expressão inicial da cultura grega em sua madrugada radiosa. A primeira forma seria, como o foi, uma reunião de contos, de estórias, de apólogos, de fábulas, vividas pelos animais com almas humanas, matéria de exemplo, espelho de regra, espécie movimentada e plástica de um monitório social. Assim nasceu Esopo, real ou simbólico, mas sendo um índice dessa Literatura Oral que antecipa todas as outras, fornecendo-lhe a seiva e a força criadora, sempre disponível e prestante em seu glorioso anonimato (Cascudo, 2006, p. 94-95).

Como se vê, a oralidade está na base desse gênero e até mesmo de toda a literatura. Uma oralidade que não se prende à palavra, pois não conhece limites, não se identifica, não se fixa. Explora todas as potencialidades do corpo, tais como: gesto, voz, ritmo, movimento. Pode-se partir da ideia do cantador, do contador, e só depois do escritor, que é aquele que incorpora uma voz na escritura; uma voz enigmática, que não se deixa apreender; uma voz que vem de um rebuscado ser de sensações, que usa todos os sentidos para captar uma precária presença.

> A percepção é profundamente presença. Perceber lendo poesia é suscitar uma presença em mim, leitor. Mas nenhuma presença é plena, não há nunca coincidência entre ela e eu. [...] Toda poesia atravessa, e integra mais ou menos imperfeitamente, a cadeia epistemológica sensação-percepção-conhecimento-domínio do mundo: a sensorialidade se conquista no sensível para permitir, em última instância, a busca do objeto (Zumthor, 2007, p. 81).

A poesia nasce do não pensamento e incorpora parte dele. A operação que gera o objeto poético demanda uma parcela do inconsciente. Essa inconsciência está no objeto e independe do autor. Portanto, só se realizará quando entrar em contato com outro inconsciente. Essa experiência se dá, por exemplo, em uma cena de contação totalmente performática. Para Paul Zumthor (1997), a poesia atualiza uma ação, portanto é teatral, corporal; e, como tal, é movente, viajante. Enfim, "A cigarra e a formiga" é uma manifestação poética que retoma o velho conflito entre a realidade e o sonho, para colocar em xeque a importância da literatura, assim como o faz o cordel *Viola Quebrada*. Ambos questionam um poder constituído, pondo em prática a função poética, como função analógica do mundo.

> Para o poeta popular, o trabalho é inútil porque não recebe salário, não é recompensado; Suassuna insiste sobre a inutilidade de trabalhar para que um patrão se aproveite do lucro. Com a consciência da exploração nasce a preguiça do trabalhador: já que não se beneficia do esforço, melhor descansar esperando a sorte (Santos, 2009, p. 234).

Nesse decurso, pode-se afirmar que a obra poética é para ser vivenciada. Ao contrário do que muitos pensam, ela não está associada à emoção simplesmente, pois "traz consigo a revolução, porque é uma linguagem que não quer ser linguagem. Esse é realmente um grande problema. Ao reduzi-la à emotividade, a poesia é vista como inútil, gerando um conflito entre o mundo vivido do poeta e o mundo comum"[30]. Isso faz com que a figura do cantador tenha um caráter marginal, típico de um homem que se identifica com o mundo poético. Quando Camillo Lima inscreve em

---

[30] Anotações de aula da disciplina "Teoria da Literatura: A poesia como poiesis e performance: dos ritos e cantos primordiais à poética contemporânea", ministrada pelo professor Dr. Fernando Segolin, no 2º semestre/2010 do Programa de Estudos Pós-Graduados em Literatura e Crítica Literária da PUC-SP.

seu cordel a fábula "A Cigarra e a Formiga", de outra maneira, tem-se um recorte da oralidade em sua obra, pois essa história é de todos, devido ao seu caráter movente, como já foi dito. O poeta usa essa narrativa para pôr em confronto duas figuras alegoricamente representadas pela formiga (subdelegado, homem prático) e pela cigarra (João Macambira, o artista, o poeta, o cantador). Por meio desses dois símbolos, que são transformados em símbolos pela própria história, *Viola Quebrada* é um cordel defensor do fazer poético e de sua importância.

> Ancê diz que nóis, seu moço,
>
> Qui nem cigarra vadia,
>
> Morre de não trabaiá.
>
> Burro de carga, na vida,
>
> Sela não pode levá.
>
> Nóis não nasceu pra ser rico,
>
> Nóis nasceu foi pra cantá.
>
> Nóis nasceu abrindo os óio
>
> Pras beleza do sertão.
>
> Deixa nóis morrê de fome,
>
> Que essa é a sina patrão.
>
> Deixa nóis botá, prus óio,
>
> Feito em água o coração! (Lima, 1987, p. 67).

A palavra "óio" toca o olhar do leitor-ouvinte para o olhar do poeta, aquele que tem uma visão estética capaz de produzir beleza. "O poeta vê o oculto, o íntimo, não apenas a superfície, portanto, não se trata de alguém vocacionado para as tarefas do dia-a-dia, mas para refletir sobre o espetáculo da vida"[31]. A poesia nasce em momentos especiais, em que o ser humano é estimulado por manifestações, explosões e linguagens sensoriais. *Viola Quebrada* é fruto de um desses momentos, pois advém de observações no e sobre o sertão. Quando o narrador inscreve o discurso de João Macambira dentro do seu, ele faz com que ambos mantenham afinidades com a fábula "A Cigarra e a Formiga", ou seja, faz com que ambos entoem o mesmo canto na defesa da voz poética. Para Sigmund Freud, dois princípios regem o funcionamento mental: da realidade e do

---

[31] Anotações de aula da disciplina "Teoria da Literatura: A poesia como poiesis e performance: dos ritos e cantos primordiais à poética contemporânea", ministrada pelo professor Dr. Fernando Segolin, no 2º semestre/2010 do Programa de Estudos Pós-Graduados em Literatura e Crítica Literária da PUC-SP.

prazer. Esses princípios são basilares na fábula e no poema ao modo de cordel, em questão.

> [...] para a psicanálise, as exigências impostas pelo princípio de prazer são imprescritíveis e que o próprio desenvolvimento de uma "função do real", sobre a qual Pierre Janet pretendera fundar uma teoria da neurose, só adquiriria sentido se assumisse os impasses por elas gerados.
>
> Por outro lado, as "formulações" freudianas vão desde a evocação de elementos já apresentados sobre a economia psíquica (especialmente em *A interpretação dos sonhos*) até a elucidação dos expedientes inaugurados pelas próprias carências da satisfação (Kaufmann, 1996, p. 427).

De acordo com o pensamento freudiano, pode-se constatar que, em *Viola Quebrada*, o princípio do real é representado pela formiga, por desenvolver um trabalho "utilitário" para obter um ganha-pão. O princípio do prazer é representado pela cigarra, que não tem um reconhecimento social do seu papel, mas supre uma carência de satisfação que está diretamente ligada ao lado psíquico humano, por meio de sua arte, aqui exemplificada na atuação de poetas cantadores. No fabuloso, esse princípio do prazer é negado e, no cordel, ele é reforçado a partir da subversão do texto que lhe motivou. Com isso, tem-se uma dupla exigência, pois o poético causa satisfação na medida em que realiza um desejo de reencontro com algo que se perdeu, ou seja, a relação com o outro, mesmo que esse outro esteja no próprio.

No cordel *Viola Quebrada*, a realidade se impõe no prazer, por isso ele faz a defesa do princípio do prazer diante das personagens que representam o princípio da realidade, o que não quer dizer que um negue o outro, pelo contrário, eles se complementam. A satisfação puramente física não é suficiente, portanto o prazer também é uma forma de trabalho, à proporção em que revela outra satisfação do ser humano, a psíquica. Daí, a poesia como necessidade humana não é inútil, atende às necessidades que ultrapassam os limites do corpo. Quando o homem faz poesia, está falando dele mesmo e de sua complexidade. Tudo isso corresponde a uma ampla reflexão sobre literatura e à ideia de poesia.

> A noção de 'literatura' é historicamente demarcada, de pertinência limitada no espaço e no tempo: ela se refere à civilização européia, entre os séculos XVII e XVIII e hoje. Eu

> a distingo claramente da idéia de poesia, que é para mim a
> de uma arte da linguagem humana, independente de seus
> modos de concretização e fundamentada nas estruturas
> antropológicas mais profundas (Zumthor, 1997, p. 12).

Definida como a arte da linguagem humana, a poesia pressupõe uma oralidade que convoca ao movimento comparado ao correr das águas de um rio, no fluxo das suas inscrições textuais, conscientes ou inconscientes, que são presentificadas expressões performáticas que tomam a forma que cada suporte requer. No que diz respeito ao cordel de Camillo Lima, essa expressão, na maioria das vezes, é alcançada via leitura-audição. Sabe-se que *Viola Quebrada* foi declamado em raras circunstâncias na Bahia, porém não há registros midiáticos dessas apresentações. Seu diálogo com outros textos comprova sua originalidade. De acordo com Galvão (2006), à medida que, nas sociedades letradas, se intenciona chegar a uma versão primeira, nos gêneros orais, cada "expressão textual" é original. Em cada performance, o poeta não apenas repete, mas também cria. Dessa forma, o conceito de autoria está relacionado à performance, que é única e irrepetível, por acontecer no âmbito da voz.

Não é por acaso que Camillo Lima compõe *Viola Quebrada* em 1945, ano da morte do escritor modernista Mário de Andrade.[32] No país da viola, Mário compõe uma única canção *Viola Quebrada*, em parceria com seu amigo Ary Kerney. Essa parceria elabora uma linguagem matuta de um fadista, isto é, de um caipira que, além de cantar, toca sua viola. Possivelmente, esse diálogo entre o cordel camilliano e a música *Viola Quebrada* corresponde a uma reflexão-crítica sobre a relevância do fazer literário, pois, em ambos os textos, cordel e música, pode-se ouvir uma voz defensora da poesia. Ao longo do tempo, essa voz se reinstaura em numerosas e variadas expressões artísticas.

Viola quebrada

Quando da brisa no açoite a frô da noite se acurvou

Fui s'incontrá co'a maroca, meu amor

Eu tive n'arma um choque duro

Quando ao muro já no escuro

Meu oiá andou buscando a cara dela e não achou

---

[32] Mário Raul de Morais Andrade nasceu em São Paulo, na Rua Aurora, em 09/10/1893. Seus versos dizem: "Na Rua Aurora eu nasci / Na aurora da minha vida / E numa aurora cresci".

Minha viola gemeu
Meu coração estremeceu
Minha viola quebrou
Teu coração me deixou
Minha maroca resorveu para gosto seu me abandonar
Pruquê os fadista nunca sabe trabaiá
Isso é besteira que das frô que bria e chera a noite inteira
Vem dispois as fruita que dá gosto de saborear
Pru causa dela eu sou rapaz muito capaz de trabaiá
Os dia inteiro e as noite inteira capinar
Eu sei carpir pruquê minh'arma ta arada e loteada
Capinada co'as foiçada dessa luz do teu oiá
(Mário de Andrade e Ary Kerney, 1926?)[33]

Há um número significativo de transcrições dessa música, entretanto, em muitas delas, esse linguajar sertanista é modificado ao modo "culto". Certamente, Mário de Andrade, com sua ampla capacidade de pesquisador da cultura brasileira, reconheceu na linguagem caipira uma das maiores demonstrações de autenticidade de um povo que se forma por influências várias. Isso acaba por contribuir na construção de uma, entre tantas particularidades linguísticas, que favorecem a sua expressão artística, por nela estar o cerne de sua formação individual e social.

> Esse tipo de canção é tributária das cantigas portuguesas dos séculos XII e XIII. Foram incorporadas à nossa cultura pelos tropeiros brasileiros a partir dos séculos XVIII e XIX. Era a música tocada e cantada por esses profissionais durante as suas árduas jornadas tocando tropas do sul do país até o interior de São Paulo. No texto o poeta retrata a perda de um amor, porque "os fadista nunca sabe trabaiá". Nota-se aí uma visão negativa a respeito daquele que se ocupa da arte de cantar. Trata-se de um senso comum registrado pelo autor (Almeida, 2006, p. 98).

Como se vê, esse estilo musical e o linguajar sertanista são resultantes de um processo de assimilação da multiplicidade cultural. Inclusive, a própria temática, em defesa do fazer artístico, também se configura como mais uma recriação que dialoga com o poema ao modo do cordel

---

[33] Essa canção está disponível em: https://soundcloud.com/acervoorigens2/solange-maria-viola-quebrada-m. Acesso em: 31 maio 2024.

Viola Quebrada. Camillo Lima, talvez, sem pretensão de homenagear o escritor modernista, acabou por fazê-lo, pois, em seus versos, usando, como Mário de Andrade, uma linguagem caipira, faz com que sua defesa do fazer poético continue ecoando, especialmente, no sertão da Bahia. Isso inevitavelmente revela a capacidade criativa do homem do sertão. O padrão linguístico utilizado é apenas um código e, como tal, não faz nenhuma diferença no que diz respeito ao nível poético de uma voz ancestral, porque anônima, já que não se pode afirmar que Esopo inicia essa discussão em defesa do "princípio do prazer".

3

LITERATURA DE CORDEL NO SERTÃO DA BAHIA: POÉTICA DE UMA "ESCRITURA CRIOULA"?

O estudo realizado neste trabalho privilegia, como suporte teórico, os pressupostos da poética da oralidade, de Paul Zumthor, grande auxiliar na consideração dos gêneros chamados orais. Os conceitos convocados para sustentar as análises dos cordéis, além de seu contexto histórico-cultural, são aqueles que derivam da reflexão de Zumthor a propósito da relação entre voz e escrita, oralidade e performance, memória vocalizada e movência. Tais conceitos são consonantes às noções cunhadas por Édouard Glissant, em sua estética da relação, e esse diálogo se mostra sedutor na consideração do cordel, cujo estudo ainda é carente de suportes teóricos específicos, de envergadura própria, para acolher a complexidade dessa manifestação literária.

O cotejo do pensamento de Glissant, em diálogo com a poética da oralidade de Zumthor, parece válido nessa perspectiva de estudo e, possivelmente, representa ampliação para as reflexões já empreendidas. A intenção deste capítulo é, portanto, relacionar, ainda que de forma especulativa, algumas noções essenciais do pensamento de Glissant ao estudo do cordel, na tentativa de indicar um caminho possível de consideração desse gênero, ao mesmo tempo, resultante e gerador de uma escrita poética crioula.

3.1 Escritura e crioulização: especulações

> (o murmúrio das bétulas...
> no mundo todos farfalhamos...)
> *(AIGUI, 2010, p. 109)*[34]

O encontro do poeta com a palavra é marcado por sons indistintos, que agilmente se revezam com o silêncio, produzindo ruídos inesperados. Pode-se pensar em uma espécie de fragmentação de pensamentos, vozes,

---

[34] Guenádi Aigui (1934-2005) é um poeta russo, cujos versos são do poema "O Ruído das Bétulas" (1975).

imagens e gestos, que, vinculados a diferentes contextos, admitem variadas possibilidades significativas. O fazer poético cria diversas maneiras de associar o que está aparentemente fragmentado, de perceber, em formas estilhaçadas, um aspecto que revele o seu todo. Por esse motivo, a literatura exige um olhar sensível para as características que lhe são próprias. A literatura popular em verso realiza esse trabalho de maneira aberta à criatividade poética, no manejo da palavra atrelada a tatilidades, visualidades, sonoridades e, inclusive, intuições e antevisões, somando a isso sua natureza nômade e quase impossível de se capturar. Assim, seu julgamento requer a compreensão dessa abertura, que não está vinculada apenas ao conhecimento formal, mas, em especial, às experiências estéticas de produção e recepção de *cânticos-poéticos-sertanejos*.

> O poeta popular é um homem entre outros, sua superioridade e sua clarividência provêm de sua visão poética e não de sua inserção numa classe oprimida. Sua obra pode ser bela ou medíocre: o público e a memória coletiva poderão testemunhar, relembrando seu texto e integrando-o ao tesouro oral ou escrito da literatura tradicional, ou esquecendo-o. O valor de uma obra popular não é assunto de intelectual: ela escapa em grande parte a seus critérios de julgamento; pode apreciá-la, mas não instituir-se juiz num processo ao qual permanece estranho (Santos, 2009, p. 257).

Para que ocorra uma compreensão desse processo, é preciso estar inserido no contexto da oralidade. A partir daí, provavelmente, chega-se ao reconhecimento de que o folheto, como junção de elementos orais, escritos e imagéticos, é um gênero misto, revelador de um processo cultural que mantém suas particularidades, aberto a transformações. Com isso, ao se falar no verso e no reverso na literatura de cordel, antes de tudo, está-se a falar de movimento, pois o limite entre um e outro é sempre duvidoso. Ademais, há que se considerar que não existe um purismo em relação a isso, pois, no verso (tradição), pode estar o reverso (recriação), e vice-versa. O cordel habita e constrói um território marcado pelo deslocamento. Por isso, para estudá-lo, faz-se necessário que as noções de espaço — centro e periferia — sejam constantemente relativizadas.

A literatura cordelística apresenta uma tradição nas regras por ela e para ela estabelecidas. Entretanto, como gênero que se situa entre a escrita/oralidade, sua produção sofre modificações, e essas regras, inevitavelmente, em alguns pontos, não são cumpridas. A afirmação de que "a tensão oral/escrito se reflete nos estilhaços desse seu duplo processar, numa instância em que não mais se reconhecem os traços originais de cada um deles, fundidos e confundidos no ponto de cruzamento das linguagens" (Matos, 2007, p. 150) torna-se adequada a essa questão. O suporte escritural do folheto inscreve uma performance oral determinada por fontes imaginárias distintas, que fazem ecoar a voz em sua movência, extrapolando a escritura propriamente dita.

> A escritura gera a lei, instaura de modo ordenado as limitações, tanto na palavra, quanto no Estado. No seio de uma sociedade saturada de escrito, a poesia oral (mais resistente que nossos discursos cotidianos à pressão ambiente) tende – porque oral – a escapar da lei e não se curva a fórmulas, senão as mais flexíveis: daí sua movência (Zumthor, 1997, p. 266).

Esse suporte transgressor traz consigo o entrecruzamento da oralidade e da escritura. Por essa razão, pode-se considerar que a matriz da literatura de cordel é formada por resíduos determinantes do *duplo processar* da voz/letra. Segundo Zumthor, o termo escritura não admite uniformização, provavelmente, por se referir "a técnicas, atitudes e condutas diversas, conforme os tempos, os lugares e os contextos eventuais" (2001, p. 99). A leitura, por sua vez, é condicionada pela escrita e exige um esforço físico e intelectual. Zumthor (2001) garante que leitura e escritura, na Idade Média, requerem aprendizagens diferentes, por se constituírem como atividades distintas que não estão, necessariamente, interligadas. Isso porque muita gente, apesar de saber escrever, não sabia ler. O trabalho de cópia e decifração, do qual fala Zumthor, pode ser remetido ao esforço do homem sertanejo em criar modos de alfabetização a partir do contato com o folheto. Nesse esforço, a xilogravura, o ritmo do contador e/ou cantador, a forma da palavra, enfim, o corpo textual e sua gestualidade contribuem para o entendimento gradativo do código escrito.

Essas especulações em torno da palavra escritura são bastante oportunas, já que, nas poéticas da oralidade, a exemplo do cordel, os índices de vocalidade podem ser percebidos no contato que se dá por meio da leitura-audição. As características de um texto escritural estão se transformando a cada momento, pois, em consonância com as mudanças sociais, esse texto toma para si novas vertentes de expressão da oralidade. Os aparatos tecnológicos, na maioria das vezes, são os vetores dessas mudanças. Com a expansão da imprensa, toda a situação muda, pois entram aí os interesses socioeconômicos, já que o aspecto financeiro passa a ser o centro de toda essa produção impressa. Um percurso muito parecido com esse pode ser percebido na literatura popular em verso.

> Acredito que caminhamos rumo a uma oralidade nova, de um tipo diferente – mutação que será certamente muito difícil de assumir. Em direção a uma oralidade que, graças ao áudio-visual, aos meios eletrônicos, não exige mais a presença física, mas permanece muito ligada à visualidade. Eu não diria que a escrita, a literária em particular, tenha desde já perdido seu estatuto. Mas, pergunto-me que função ela ainda desempenhará em vinte anos. Pode ser uma função puramente utilitária? A idéia da literatura como algo venerável, contendo autoridade e valor estético, merecendo uma atenção particular, vai se esmaecer, sem dúvida. Não é inconcebível que isso que conhecemos por literatura seja um dia substituído por alguma coisa que, para mim, ainda não dá para imaginar (Zumthor, 2005, p. 111).

A partir de tal suposição, o olhar sobre a escritura torna-se cada vez mais enviesado, porque suas alterações são muito velozes; possivelmente, Zumthor esteja querendo falar de um retorno à oralidade. Nesse ponto, pode-se dizer que a literatura popular em verso está bastante próxima desse movimento, pois tem no corpo da obra a expressão de uma performance vocal e gestual. Esse corpo tem se expandido por meio de textos virtuais, que garantem a sua maior divulgação e abrangência. As suas ferramentas de configuração são um recurso utilizado pelo poeta popular para incrementar a narrativa em verso e, com isso, atrair a atenção do leitor-ouvinte, que, diante dessa nova realidade, pode ser chamado de *leitor-audiovisual*. O ciberespaço do cordel é um lugar onde podem ser lidos, ouvidos e vistos folhetos novos e antigos. Muitos deles estão em bibliotecas digitais com livre acesso, a exemplo do acervo encontrado no Portal Domínio Público.[35] Além disso, a internet também é um lugar de criação do folheto, na qual pode ser promovida até mesmo uma peleja virtual, dentre muitas outras ações.

> Na Bahia, Franklin Maxado Nordestino realiza um bate-papo virtual com Antonio Carlos de Oliveira Barreto e com

---

[35] Domínio público é uma biblioteca digital, criada e mantida pelo Ministério da Educação. Em seu acervo da literatura popular em verso, podem ser encontrados alguns títulos de autores como Leandro Gomes de Barros, Francisco das Chagas Batista e João Melquíades Ferreira da Silva, dentre outros. Folhetos disponíveis em: http://www.dominiopublico.gov.br/pesquisa/PesquisaObraForm.do. Acesso em: 31 maio 2024.

> Jotacê Ferreira. [...] Dentre os temas e tipos de estrofes, os autores fazem questão de manter fidelidade às regras da cantoria pé-de-parede, com o desenvolvimento de mote e glossa; com a utilização de quadras, sextilhas, septilhas, oitavas e décimas; com o recurso às variadas modalidades cantadas nos confrontos de violeiros. Mas não deixam de incluir as mídias eletrônicas nos temas, já que tais ferramentas têm sido incorporadas ao dia-a-dia de forma a não mais poderem ser desprezadas, nem mesmo enquanto temática. É o que faz Braulio Tavares, quando peleja virtualmente com Astier Basílio, em 2002:
>
> Fiz meu saite com repente,
>
> de poesia e homepeige:
>
> não basta que tu deseje
>
> pra passar na minha frente!
>
> não basta clicar somente
>
> num link para acessar;
>
> como você vai entrar
>
> sem modem, log-in e senha?
>
> Ronca pau, troveja lenha
>
> No tronco do jurema (Amorim, 2008, p. 102).

O suporte digital da literatura popular em verso é inovador, no entanto, não representa um abalo para sua forma impressa; em alguns casos, até mesmo, facilita o trabalho do poeta popular, já que o acesso aos seus versos pode ser feito, também, pela navegação na internet. Apesar disso, nada impede que esses versos sejam transportados para a poesia tradicional, para serem contados e cantados. É intensa a inscrição do corpo nesse tipo de composição, o que leva à necessidade do manuseio do folheto e da sua teatralização. Isso tudo apenas comprova o caráter nômade da literatura de cordel, que transita entre o oral, o impresso e o virtual.

> A escritura poética inscreve pelo olho tipográfico a voz, e traduz para o ouvido, o tato, o olfato, e, por meio do pensamento imaginativo-projetivo-integrativo, liberta essa vocalidade por meio da performance do corpo. Um corpo construído em virtualidade projetiva (4ª. dimensão) pela interação entre a escrita caligráfica (que também se faz corpo, matéria, palavra-coisa) e o receptor que, mesmo em leitura silenciosa, projeta, via imaginação criadora,

> uma presença que rompe as fronteiras do texto escrito e se projeta, como obra performática, no espaço de uma presença viva, devolvendo essa voz, transformada, outra vez, para a tradição.
>
> Essa capacidade performática do poético, em quaisquer de suas atualizações (dança, teatro, canto, literatura, cinema, vídeo, computador, etc.) é o que o caracteriza como tal e que está presente desde as raízes do seu nascimento com a história do homem (Oliveira, 2009, s/p).

A capacidade performativa da literatura de cordel ultrapassa o limite da escritura para ser representada em cena artística oral. Ao tratar dos manuscritos medievais, Zumthor (2001) apresenta o papel dúplice da escritura: garantir a transmissão de um texto e a sua conservação. Esse papel pode ser desenvolvido de forma conjunta ou excludente. O mesmo pode acontecer em relação ao folheto, que assegura a sua permanência e difusão por meio de uma tradição oral. A escritura, em todo o caso, é precedida pela oralidade, "ou então, é por ela intencionalmente preparada, dentro do objetivo performático" (Zumthor, 2001, p. 109). Tais colocações se aliam à opinião da pesquisadora Ana Lúcia Sá, em prefácio ao livro *Poeticidade no discurso prosaico de Wanyenga Xitu*, de Akiz Neto.[36]

> A estratégia narrativa da oralidade faz-se com a explicação e a compreensão de todos os contextos em que o poder retórico é urgente. Como se lê em Torres de Vigia – I, "O sol é um esplendor indescritível". É ele que permite a humanidade contra quaisquer grilhões que só às pessoas de letras se permite a transfiguração da palavra em palavra bela. Ou, como Akiz Neto propõe, "A caracterização do poético se senta fundamentalmente aí onde o homem se imerge incurso numa teia de palavras cheias de sombras, cheias de luzes, cheias de elasticidade, cheias de beleza e por tal ocorrência embevecem o humano". [...] Nestes jogos de mostrar, mais do que esconder ou de mascarar, Akiz Neto percorre os vários temas por que passam os textos de Uanhenga Xitu, na ligação com a matéria narrada e com a matéria vivida. Assim dá o contributo para a memória e para a efetivação de uma comunidade de lembranças (Neto, 2009, p. 7-8).

---

[36] Wanyenga Xitu é o heterónimo de Agostinho André Mendes de Carvalho, o poeta de Kimbundu. Nasceu em 29/08/1924, em Kalomboloka, província de Bengu, que pertencia à Província de Luanda.

Na estratégia de narrativa oral, o uso da palavra poética constitui-se entre estética e princípios de liberdade. O sol, ao qual Wanyenga Xitu se refere, é o literário, com toda a sua plenitude e beleza. O poeta angolano, Akiz Neto, confirma o poder encantatório das palavras e, por meio de um discurso ensaístico, percorre e concretiza uma rede de lembranças, ao unir narratividade e vida. A tradição oral não se exime de tal poder, que se estende ao seu processo de recriação e inovação performática. Na arte popular, uma reflexão estética acontece quando essa manifestação artística deixa de ser percebida como primitiva, *naïf*, isto é, ingênua, para ser considerada apenas arte, cujos labor e complexidade possam ser apreciados em si, não admitindo uma hierarquização social de valores estéticos (Santos, 2009, p. 269).

A arte popular mantém, como seus aspectos essenciais, a movência da voz e a fixidez da escrita, que, aliás, é a ideia fundadora dos estudos zumthorianos em *Introdução* à *poesia oral*. Dessa maneira, a voz está presente na escritura do folheto. Isso tem outra significação, ao se considerar que, mesmo na escrita, o elemento vocal continua nômade. Pode-se dizer que é exatamente a sua característica ambulante que rompe com a estabilidade da escrita, acrescentando-lhe o elemento instável necessário à estrutura artística. Talvez, seja possível afirmar que a escritura tende a se tornar voz em atividade de emissão e recepção para alcançar um maior sentido e abrangência.

> Não se pode imaginar uma língua que fosse unicamente escrita. A escrita se constitui numa língua segunda, os signos gráficos remetem mais ou menos, indiretamente a palavras vivas. [...] É evidente, qualquer um constata em sua prática pessoal que, em alcance de registro, em envergadura sonora, a voz ultrapassa em muito a gama extremamente estreita dos efeitos gráficos que a língua utiliza. Assim, a voz, utilizando a linguagem para dizer alguma coisa, se diz a si própria, se coloca como presença (Zumthor, 2005, p. 63).

A escrita como língua segunda é consequência da voz, isto é, é uma tentativa de sua mínima apreensão. Leyla Perrone-Moisés (2005) reconhece no termo escritura uma abstração que o impossibilita de recobrir totalmente uma obra, ou parte dela, já que a história e a tradição são marcadas pela liberdade produtiva e pela lembrança reprodutiva da escritura. Ressalta-se que: *"a escritura é uma questão de enunciação* [...] é o que se manterá estável nas sucessivas redefinições barthesianas da escritura"

(Perrone-Moisés, 2005, p. 30). Devido ao comparecimento de uma voz que se volta para o mundo, a escrita acaba voltando-se para ela mesma. Na poesia, essa voz independe do suporte. Sua escritura, espontânea ou deliberada, não escapa ao tempo cíclico e ao espaço movente da oralidade. O trabalho da escritura literária do cordel é capturar na memória coletiva fragmentos indicadores de uma tradição viva, que só admite um sentido, a partir de sucessivos esquecimentos e retomadas, contribuindo, assim, para o entendimento do presente e futuro. Cabe à memória, nesse caso, associar fragmentos assimétricos e dispersos em direção a um ponto de significação unificada. Isso pode ocorrer em relação a aspectos externos e internos da obra.

> Assim isolados, centrados, funcionalizados, estes fragmentos mudam de natureza, e esta mutação é o próprio resultado da seleção, a conseqüência de uma vontade do esquecimento. O que, muito além desta mudança, torna-se o fragmento, eu o designava, no meu Ensaio de Poética, com o nome de tipo. Elementos recorrentes que, de texto em texto, desenham um traço significante, os tipos aparecem ao crítico como unidades de "escritura" estruturadas e polivalentes, quer dizer, ao mesmo tempo tolerando relações ativas entre suas partes, e indefinidamente reutilizáveis em contextos diversos (Zumthor, 1997, p. 27).

Na produção popular em verso, o acionamento dos núcleos formais, estruturais e temáticos, acrescido aos seus traços variáveis, possivelmente, exemplifica o "tipo" a que Zumthor se refere. O processo de produção do folheto implica o canto, a dança, o teatro, enfim, circunstâncias performatizadas. Isso porque toda a escrita guarda resíduos da voz, originalmente dinâmica, na relação com imagem e musicalidade. Neste ponto, parece pertinente evocar o conceito de resíduo tal como está sistematizado por Édouard Glissant, a propósito da estética da relação. Para Glissant, a noção de resíduo é considerada no contexto do estudo dos processos de crioulização que, segundo este autor, caracterizam as produções poéticas e literárias de povos cujas identidades não são cunhadas a partir da ideia de uma raiz absoluta e fixa. Em um de seus textos, "Crioulizações no Caribe e nas Américas", Glissant inicia falando sobre o seu primeiro contato com a paisagem americana.

> A primeira abordagem que tive daquilo que se pôde chamar de as Américas, meu primeiro contato foi com a paisa-

> gem, antes mesmo de ter consciência dos dramas humanos coletivos ou privados que ali se acumularam. A América pareceu-me sempre – e eu estou falando do país *das* Américas – muito particular em relação ao que pude conhecer, por exemplo, das paisagens européias, quando comecei meus estudos na França. A paisagem européia me pareceu constituir um conjunto muito regrado, cronometrado, em relação com uma espécie de ritmos das estações. Toda vez que eu volto às Américas, seja em uma pequena ilha como a Martinica, que é o país onde nasci, ou no continente americano, impressiona-me a abertura dessa paisagem (Glissant, 2005, p. 13).

Essa colocação pode ser estendida, talvez sem prejuízo, à paisagem do sertão do Nordeste brasileiro, como uma amálgama de elementos socioculturais assimétricos. Por isso, do encontro desses elementos, tem-se um espaço propício à inovação. No campo artístico, o cordel se beneficia dessa abertura do espaço sertanejo, para se tornar também aberto às variações do próprio gênero, como foi mostrado nas análises, e às aproximações de formas artísticas, aparentemente, díspares, mas que correspondem a uma só expressão. A versificação, a xilogravura e o canto são exemplos disso, fazendo com que o cordel esteja apto a se recriar continuamente em formas teatralizantes e cantantes. Com isso, o pensamento rastro-resíduo de Glissant, talvez, possa comandar essa recriação, pois, de maneira incontida, a arte se expande em *ondulações* contadas, cantadas, de forma que uma *ondulação* expressiva se presentifica na outra.

> O pensamento do rastro/resíduo me parece constituir uma dimensão nova daquilo que é necessário opormos, na situação atual do mundo, ao que chamo de pensamentos de sistemas ou sistema de pensamento. [...] O pensamento rastro/resíduo é aquele que se aplica, em nossos dias, da forma mais válida, à falsa universalidade dos pensamentos de sistema (Glissant, 2005, p. 20).

Arrisca-se, nesse caso, a entender que o universo do cordel alastra-se em movimentos rizomáticos, porque o poeta cantador comporta um homem infinitamente variável, devido à sua relação com o meio ao qual "pertence"[37] e representa. Decorre daí uma ampliação do sertão e do sertanejo, pois não tendo uma raiz fixa, o espaço e o homem se misturam

---

[37] A noção do vocábulo "pertencer", neste estudo, admite uma enorme flexibilidade, o que não poderia ser diferente, por se referir a palavras como movência e crioulização, relacionadas a um *sendo* ininterrupto.

em contínuas transformações necessárias à sua inserção no mundo. A arte literária do cordel é uma válvula para essa inserção, pois seu canto desconhece fronteiras espaciais e leva o homem do sertão e o leitor da literatura de cordel para além do seu espaço. Com isso, também transporta o indivíduo *não sertanejo* para o sertão, provocando o encontro, tão almejado pela arte de modo geral. Desse encontro, emergem alterações indefiníveis de ambas as partes. No processo de crioulização proposto por Glissant (2005, p. 26-27), "os elementos culturais talvez mais distantes e mais heterogêneos uns aos outros possam ser colocados em relação. Isso produz resultantes imprevisíveis".

Todas essas transformações correspondem à formação de uma arte imprevisível, performancial, irreverente, que pode ser convertida na palavra "cordel" e, por que não dizer, "cordel crioulo", já que proveniente de variações artísticas, temporais e espaciais, sujeitas à conservação e à inovação, simultaneamente, capazes de remeter às expressões norteadoras dessa pesquisa: verso e reverso. O termo crioulização, no estudo glissantino, como é de se esperar, deriva de "crioulo", "da realidade das línguas crioulas. E o que é uma língua crioula? É uma língua compósita, nascida do contato entre elementos lingüísticos absolutamente heterogêneos uns aos outros" (Glissant, 2005, p. 24). A crioulidade do cordel pode residir na sua capacidade de ser uma amálgama de feição fragmentária da palavra, do som, da imagem, em seu aspecto formal. Ademais, sua crioulidade talvez possa ser encontrada no diálogo com uma oralidade-escritura. O cordel, assim como a língua crioula estudada por Glissant, se forma de rastros-resíduos que sobrevivem ao tempo, fazendo com que esse gênero esteja inserido em um processo de modificações, porque ele mesmo está em processo constante, ele é a materialização de uma experiência de inacabamento, não se deixando fixar.

Nesse ponto, a beleza da literatura popular em verso emerge como um caleidoscópio. Singular e universal simultaneamente, o cordel diz e canta o sertão em suas particularidades e generalidades, pois o homem sertanejo não é apenas diferente dos demais, ele é, em maior proporção, igual aos outros homens. Sua inventividade poética comprova essa afirmação, já que, no cordel, está a força de uma expressão que se faz e se mantém diversa em sua capacidade de ficcionalizar as particularidades identitárias do sertão e de sua gente, em diálogo com outras tantas identidades. Essa reflexão encontra um possível respaldo teórico na seguinte afirmação.

> O universal transformou-se em diversidade, e esta o desordena. O que significa que a questão do ser, por si só, não supõe mais a legitimidade, desviada que é pelos assaltos das diversidades concorrentes do nosso mundo. Em outras palavras, o que dita as "regras" não é mais o antigo direito universal, mas o acúmulo de relações (Glissant, 2005, p. 81-82).

Identidades em inter-relação concretizam-se no folheto e no seu conto/canto, beneficiando-se de recursos estilísticos hoterogêneos ao tomar formas inesperadas, porque elas estão inscritas na associação letra, imagem e som, que aspira a uma súbita performance. Essa afirmação pode corresponder ao pensamento de Glissant sobre o abandono de uma obstinação por parte das *humanidades de hoje*, isto é, "– a crença de que a identidade de um ser só é válida e reconhecível se for exclusiva, diferente da identidade de todos os seres possíveis" (Glissant, 2005, p. 18).

A ideia de crioulização, proposta por Glissant, parte da noção de espaço geográfico para daí se estender a outras aplicações, inclusive a compreensão das literaturas produzidas no âmbito das culturas que são frutos do processo de colonização. O não sistema de que ele fala é a reação a qualquer tentativa de pronunciar como universal um princípio, uma literatura, uma religião. Além disso, "a resultante imprevisível, fruto de resíduo, é ela mesma, o pensamento não sistêmico em ação"[38].

> Não seguimos o rastro/resíduo para desembocar em confortáveis caminhos; ele devota-se à sua verdade que é a de explodir, de desagregar em tudo a sedutora norma. Os africanos, vítimas do tráfico para as Américas, transportaram consigo para além da Imensidão das Águas o rastro/resíduo de seus deuses, de seus costumes, de suas linguagens (Glissant, 2005, p. 82-84).

Pode-se dizer que o folheto de cordel também transporta rastros/resíduos das idiossincrasias de um povo que se constitui também por meio da arte poética. É muito expressiva a relação do poeta cantador com a terra de fragmentária beleza: "a terra é o real do poeta nordestino, o real de que se apodera, transpondo para o universo de seu imaginário" (Matos, 1986, p. 33). Essa terra só adquire sentido quando povoada, mesmo quase

---

[38] Anotações de aula da disciplina "Da voz residual à escrita literária: o conto popular em literaturas de língua portuguesa", ministrada pela professora Dr.ª Juliana Loyola, no 2º semestre/2011 do Programa de Estudos Pós-Graduados em Literatura e Crítica Literária da PUC-SP.

de forma desértica, entretanto os rastros/resíduos socioculturais de seu povo resultam, nesse caso, em um cordel recriado a partir da tradição em processo de movência. É possível que a ideia do cordel crioulo configure-se, inclusive, nessa mobilidade entre a inovação e o tradicional, nesse movimento que sustenta o verso e reverso aqui convocados.

A performance do cordel compõe-se de elementos residuais, pois, a depender da forma como se realiza, se torna denunciadora de uma lógica estética muito próxima daquilo que Glissant denomina "estética da relação", em razão de que o espaço sertanejo está inscrito nessa performance. A configuração desse espaço supõe um movimento que pode ser equiparado ao que Glissant denomina de rizomático.

> Quando abordei essa questão, eu me baseei na distinção, feita por Deleuze e Guatarri, entre a noção de raiz única e a noção de rizoma. Deleuze e Guatarri em um dos capítulos de *Mil Platôs* (que foi publicado primeiramente em formato de bolso, intitulado *Rizomas*), assinalam essa diferença. Estes autores propõem, do ponto de vista do funcionamento do pensamento, o pensamento de raiz e o pensamento de rizoma. A raiz única é aquela que mata à sua volta, enquanto o rizoma é a raiz que vai ao encontro de outras raízes. Apliquei essa imagem ao princípio de identidade, e o fiz também em função de uma "categorização das culturas" que me é própria, uma divisão das culturas em culturas atávicas e culturas compósitas (Glissant, 2005, p. 71).

Sem dúvida, sua argumentação se torna cada vez mais inquietante, pois, quando o autor fala de uma identidade rizomática, ele se refere a um processo cuja direção nega a existência de uma raiz única para afirmar a presença de um conjunto de raízes que crescem umas em direção às outras. Isso confere ao resultado um caráter de imprevisibilidade, ao mesmo tempo que permite o deslocamento dos centros em relação às periferias. Deriva daí, segundo Glissant, também uma questão: "repito a mim mesmo que se eu for ao encontro do outro não serei mais eu mesmo, e, se eu não for mais eu mesmo, perco-me de mim!" (Glissant, 2005, p. 28). Isso também acontece na literatura de cordel, como uma forma de expressão artística que se direciona para outras formas, tais como: música, dança, teatro e cinema, sem perder seu vínculo com sua base tradicional em diálogo com as novas gerações de poetas, trazendo à tona concepções provocadoras de inovações. Essas inovações são atravessadas e sustentadas pelo rastro/resíduo do "verso e reverso", frente a uma estética da relação, que é perpassada pela questão identitária. Tudo isso tendo como suporte espacial o sertão, na sua acepção geográfica e imaginária. Esse espaço pode ser considerado essencialmente crioulo, tanto em seu aspecto físico, em sua extensão ao litoral, e vice-versa, como em seu elemento cultural, fundante de uma variação rizomática, que espalha, mas, ao mesmo tempo, reúne características formadoras de uma expressão artística, nesse caso, a literatura de cordel; um cordel recriado a partir de uma tradição, consolidando a passagem do verso (tradição) ao reverso (recriação), ou vice- versa, numa troca contínua, provocadora de tensões, de encontros, de assimilações, enfim de múltiplas transcrições do real ao imaginário espaço sertanejo.

3.2 "Bravura", "Idílio" e "Viola": arquiteturas cantantes

O ponto de intersecção entre oralidade-escritura, provavelmente, é o lugar onde um imaginário rastro-resíduo do cordel instaura-se, atingindo uma fusão estilhaçada do oral-escrito, para daí se alastrar no espaço do sertão em contínuos processos de *escrita-performática-crioula*. Isso pode acontecer na tradição irreverente à lógica narrativa, em *As bravuras de Valdivino pelo amor de Beatriz*; no intertextual percurso letra-voz, em *O idílio de Pórcia de Castro e Leolino Canguçu*; e na anônima temática da defesa poética, no poema *Viola Quebrada*, que, ironicamente, desconstrói o fazer poético no rompimento com a versificação do cordel e o reconstrói nos cacos da viola. Nesses três gestos, em forma de folheto, que podem ser considerados como uma espécie de "arquitetura cantante", o sertão é disseminado pela poesia como um espaço sagrado. Afirma Zumthor (2010, p. 232): "O que o gesto recria, de maneira reivindicatória, é um espaço-tempo sagrado. A voz, personalizada, ressacraliza o itinerário profano da existência".

O universo sertanejo, por meio do cordel, se transforma numa reaparição e numa reconstrução cantante da existência. Tais proposições alargam as possibilidades de reflexão no espaço cordelista. Nos três cordéis analisados, há um circuito de vozes, como um fluxo de cânticos. O cordel acontece como uma fusão de oralidades-escrituras potencializadas por um fenômeno que pode ser equiparado ao da crioulização. O "verso e o reverso" de "Bravura", "Idílio" e "Viola" estão na transformação contínua de formas, de temáticas, de fluxos, de autores em transversalização, que cantam o sertanejo do mundo e o mundo do sertanejo. Rastros-resíduos da relação escrita-oralidade contribuem para o fortalecimento da visão/ percepção do cordel tradicional e para avivar a recriação de poemas das várias geografias do cordel: baianos, pernambucanos, cearenses, paraibanos, enfim, principalmente, o reduto nordestino. Contudo, é importante ressaltar que o cordel se apresenta como fenômeno de cântico dinamizador de alguns encontros das várias poéticas nas grandes metrópoles, ou como estímulo e sustentação de outras artes no Brasil.

Esse cântico faz com que os itinerários do poeta instaurem novas representatividades. Em "Idílio", "Bravura" e "Viola", há uma amálgama do real e ficcional, da recusa e aceitação, da escritura e oralidade, enfim, da tradição e recriação. Diante disso, possivelmente, a ideia do "cordel crioulo" consolida-se devido a esse peculiar processo de convívio e intervalorização de elementos unos desenvolvidos a partir de múltiplas disparidades. Cada cordel se metamorfoseia num *entregrito* das várias geografias *cantantes-poéticas* e da própria vida.

> Uma recusa do tempo longo, das regras modelizantes, quebra o ritmo das repetições habituais: um grito se levanta [...] Procedentes, talvez, do fundo das memórias coletivas, pouco importa em que termos ele o faz. O que interessa é a intenção de liberar o instante e a inquietação que carrega, de dor ou alegria. O grito se reitera: penetra-se no tempo, mas que será o de uma moda, tempo destruidor dele mesmo, quer dure uma década ou uma estação (Zumthor, 2010, p. 75).

Esse grito reiterado pode ser ouvido no clássico de cordel *As bravuras de Valdivino pelo amor de Beatriz*, de base tradicional. Esse poema apresenta um ímpeto de inovação que extrapola as exigências de composição cordelística, pois, apesar de atendê-las em aspectos formais, estruturais e autorais, Erotildes dos Santos conta a experiência humana sem se preocupar com uma logicidade dos fatos. Há uma sequência intuitiva, inscrevendo o corpo da letra-voz em cada verso e fazendo com que eles comandem um ritmo colocado em cena no momento de seu conto/canto. O reverso está na impossibilidade de desmentir a narrativa, porque, por mais abrupta que seja o seu direcionamento, ela caminha para uma autorrecriação do sentido, por meio de uma capacidade inventiva de extrema significação artística literária.

> Há um convite a perceber-se como se dá a criação, ligada a uma coesa malha de procedimentos e sentidos. A perícia do poeta consiste na habilidade de transformá-la, sem no

> entanto romper os fios, para a garantia de sua aceitação pela comunidade de que provém e a que se dirige (Ferreira, 1993, p. XV).

A literatura popular em verso cria uma fissura entre pensamento, linguagem e o estar no mundo em uma tensão sensorial contínua. A história, a ficção, a realidade e o real se interseccionam na voz do cordelista por meio de deslocamentos. *O idílio de Pórcia de Castro e Leolino Canguçu* é esse corpo em deslocamento que corresponde, aparentemente, a versos de base tradicional do cordel. Entretanto, mostra seu reverso em um *caminho-outro*, isto é, José Walter percorre os trilhos da escritura-oralidade, o que faz com que o gênero misto do cordel entre em choque com uma linguagem de base escritural, mas que mantém sua capacidade de conto-canto na dinâmica própria da cadência de seus versos.

"Bravura", "Idílio" e "Viola" resgatam uma potência estética transformada em cântico. Segundo os estudos zumthorianos (Zumthor, 2010, p. 301): "A palavra dita, mais ainda a palavra cantada, é celebração; a transmissão do saber, iniciação e alegria". Essas três correntezas, simultaneamente, fertilizadoras do conto/canto representam um jogo ficcional em diálogo com o espaço real e imaginário do sertão, "Marcada por sua pré-história, a poesia oral cumpre assim uma função mais lúdica que estética; [...] Ao mesmo tempo é enigma, ensinamento, divertimento e luta" (Zumthor, 2010, p. 300). Projetar essa experiência estética é confrontar, absorver e expandir as variantes socioculturais sertanejas. No poema escrito ao modo de cordel, *Viola Quebrada*, ocorre um rompimento com os paradigmas da literatura popular em verso. Propositalmente informal, seu reverso subjaz à escritura comandada por uma história de base oral que perpassa toda a literatura: "A cigarra e a formiga". Essa temática não está associada a um gênero específico, mas a composições diversas que não podem ser localizadas em um determinado tempo, justamente por seu caráter nômade e anônimo.

Essas três arquiteturas cantantes, "Bravura", "Idílio" e "Viola", se interseccionam na projeção do amor, da vida e da luta, como uma voz que se alastra continuamente na geografia do sertão. O cordelista leva o mundo no seu corpo, e o *mundo-sertanejo* se alimenta das palavras cantantes do cordelista. Esses cânticos sertanejos e do mundo expressam a fertilidade da terra seca, que rega o imaginário do cordelista e do leitor- ouvinte com sensorialidades que interligam a terra ao homem e o homem à terra. O homem sertanejo se constitui na imprevisibilidade, na indistinção entre formas de linguagens, no encontro ou reencontro sacralizador das vozes cantantes. A oralidade, para o cordelista, é uma necessidade de linhas experimentais, porque ele canta e dança dentro do idioma de falares caleidoscópicos, formando uma sinergia relacional de moventes produtividades e receptividades.

Os três poemas de cordel, aqui analisados, adentram o mundo sertanejo. Por meio da recolha feita pelos cordelistas, pode-se ter uma visão da vida do sertão, também, como "irrué". Palavra fabricada e descrita por Glissant (2005, p. 14): "contém irrupção e ímpeto, também erupção, talvez muita realidade e muita irrealidade". É exatamente essa sensação, a realidade é imposta, e a irrealidade é exposta por meio do cordel. O cordelista desmitifica a noção de que o homem da literatura é um homem necessariamente letrado. *As bravuras de Valdivino pelo amor de Beatriz* é um folheto que comprova isso, pois Erotildes dos Santos não está inserido no espaço das letras formais, mas se insere em um imaginário rico em detalhes, no qual a trajetória do combate extrapola o limite amoroso e atinge o literário. Ele torce a linguagem e funde a própria vida por meio da linguagem poética, que não é apenas literária, nem amorosa, é vida em potência.

Erotildes dos Santos, José Walter e Camillo Lima não são apenas homens sertanejos, são homens do *mundo-vivente-cantante*. As suas vozes confrontam e defrontam um sistema patriarcal, subjulgador, opressor e totalizador, criando cânticos que vão de encontro a desocultação do homem, da vida. O cântico é a própria vida do sertão e não tolera qualquer tipo de delimitação. O sertanejo se liberta por meio dele e transforma a sua geografia por meio do seu pensamento cantante. "Bravura", "Idílio" e "Viola" são poesias performatizadas do espaço sertanejo. Alastram-se como rizomas, causando mudanças e recebendo-as, sejam elas internas ou externas ao próprio universo do cordel. A transformação do verso para o reverso, e vice-versa, no cordel baiano, demonstra que a ideia de um "cordel crioulo", possivelmente, não seja precipitada, pois, de formação compósita, a partir de diferenciadas linguagens, modalidades comunicativas e suportes, denuncia o encontro de elementos variados que, colocados em relação, causam e provocam diversificadas reinvenções artísticas.

CONSIDERAÇÕES FINAIS

Poéticas da voz: tramas no sertão da Bahia é resultante de uma investigação sobre a literatura popular em verso, considerada como processo artístico em constante movência, por se recriar a partir de uma tradição. Os limites entre o verso tradicional e o reverso recriado são bastante tênues, pois não há um purismo em relação a isso. A tradição é base para o novo, mas o novo, de certa forma, já está inscrito no tradicional. Partindo desse pressuposto, pode-se dizer que o folheto é a tentativa de fixação de uma voz. No entanto, essa voz clama pela performatização, por meio do canto, da dança, do teatro, enfim, da expressão de um corpo vocal de singular importância para a concretização de uma oralidade poética, esta forjada nos rastros-resíduos do espaço sertanejo, seja por meio da linguagem, seja de elementos estéticos que comandam a recriação constante de uma voz contínua na passagem do homem pela terra.

A fusão entre *velho* e *novo* é extremamente enriquecedora e demonstra o caráter maduro da literatura popular em verso, porque, do diálogo com um discurso preexistente, emergem novas *circunstâncias-performáticas-compósitas*. Por esse motivo, essa obra trabalhou com a hipótese de que o cordel pode ser lido a partir da ideia de uma escrita crioula. O verso e o reverso na literatura de cordel foram considerados a partir de dois paradigmas teóricos: Paul Zumthor, no que diz respeito à poética da oralidade, ao nomadismo da voz e à obra como um espaço da performatização; Édouard Glissant traz a questão dos rastros-resíduos na formação de uma língua crioula e das literaturas, como modos de propulsão do imaginário na constituição das culturas, para daí alargar seu pensamento sobre a crioulização como um processo simultâneo de concentração e disseminação de diferentes elementos socioculturais, que partem da unidade para a diversidade. Um pensamento bastante próximo a esse pode ser encontrado em Zumthor (2001, p. 73): "A voz poética se inscreve na diversidade agradável dos ruídos, por ela dominados na garganta e no ouvido humanos".

Todas essas abordagens teóricas, agregadas aos estudos críticos da literatura de cordel, foram apropriadas para subsidiar os constantes retornos ao questionamento central dessa pesquisa, que corresponde à investigação sobre como acontece a reorganização inventiva de matrizes de textos tradicionais do gênero de cordel. Tais textos matriciais, recompostos na intersecção entre oralidade-escritura, resultam, possivelmente, em um cordel renovado. Em cada análise empreendida, no capítulo "Cenas Fluidas em Cordel: tradição/invenção", exercita-se esse questionamento. Entretanto, quando foi realizada a junção dos três cordéis selecionados, no capítulo "Literatura de Cordel no Sertão da Bahia: poética de uma 'escritura crioula'?", chega-se à conclusão de que o espaço sertanejo é representado por uma voz que perpassa as três construções poemáticas e que se configura como um *entregrito* ou *entrecântico*, nas geografias *cantantes-poéticas*. Por esse motivo, a obra poética em cordel, neste trabalho, pode ser percebida de acordo com a distinção feita por Zumthor, isto é: sequências linguísticas que constituem o texto e formas sociocorporais surgidas na performance.

> É "poesia" aquilo que o público, leitores ou ouvintes, recebe como tal, percebendo e atribuindo a ela uma intenção não exclusivamente referencial: o *poema* é sentido como a manifestação particular, em certo tempo e lugar, de um vasto discurso que, globalmente, é uma metáfora dos discursos comuns mantidos no bojo do grupo social. Sinais menos ou mais codificados o alinham ou acompanham, revelando sua natureza figural: por exemplo, o canto em relação ao grito de guerra. Esses sinais, geralmente cumulativos e de diversas espécies, declaram em conjunto que o enunciado pertence a outra ordem de palavra – palavra intensa, que aspira a *representar* a totalidade do real; os sinais remetem, de maneira menos ou mais claramente indicativa, a certa anterioridade da linguagem, a um texto do qual as palavras cotidianas permanecem separadas; a distância, no correr do tempo e segundo os costumes e lugares, varia; mas ela é irredutível; a presença de uma fronteira, mesmo se incessantemente trazida à baila, é sentida espontaneamente, por causa de um acordo social implícito, em termos, aliás, móveis e passíveis de revisão. A "mensagem poética" é, assim, sempre uma linguagem *em cascata*: o sinal marca um deslocamento, atrai o olhar sobre um deslizar que se desenha entre espelhos, que o prolongam ao infinito, na penumbra. Esse deslizar é a *ficção*; ou, ainda mais, a ficção é um estado de linguagem, esse modo flutuante de existência (Zumthor, 2001, p. 159).

Dessa forma, a expressão da ficcionalidade do cordel dá-se por meio da linguagem comum, sertaneja ou não, mas impregnada de sinais que demonstram a existência de uma voz ancestral. Para alcançar o objetivo proposto, os cordéis selecionados, a saber: *As bravuras de Valdivino pelo amor de Beatriz*; *O idílio de Pórcia de Castro e Leolino Canguçu* e *Viola Quebrada*, foram analisados a partir da indefinível palavra sertão, associada a reflexões sobre arte popular e literatura de cordel, como palco da poética sertaneja. Algumas categorias vocabulares foram constantes nesse percurso, sendo as mais recorridas as zumthorianas: tradição, voz, oralidade, performance, movência e escritura. A elas foi acrescentado o conceito de crioulização, tal como concebido por Glissant, partindo de uma estética da relação. De fato, a sua tese de que o mundo se criouliza pode ser aplicada ao universo do cordel, pois, como obra compósita, isto é, formada por elementos estilhaçados da relação oralidade-escritura, ou o inverso, esse gênero se caracteriza pela transgressão de uma voz que aspira à leitura-audição e, até mesmo, visão. Decorre daí uma fruição de sentidos que extrapolam os limites gráficos do folheto, tornando-se cântico e dança do *mundo-cantante-sertanejo*.

Desse mundo, emanam vozes fortemente marcadas por um excesso de realidade, quanto às secas, lutas e conturbadas relações sociais e familiares. Derivam, também, desse espaço fertilizador do imaginário poético, vozes da ficcionalidade, impregnadas por identidades em constante devir, porque sempre inconclusas, tal como a arte. Isso demanda um grau "de imprevisibilidade, de 'estranhamento', de uma disputa entre o real concreto e o imaginário, à medida em que estranhar a realidade situa-se no plano do imaginário" (Matos, 1986, p. 51). Edilene Matos fala da imprevisibilidade, associando-a à categoria literária do fantástico, ao concordar com Tzvetan Todorov, quanto ao estranhamento, isto é, a invasão do choque, mas, ao mesmo tempo, o distinguindo da visão freudiana, que o atrela a questões de infância, portanto de familiaridade. Para Édouard Glissant, a noção de imprevisibilidade em uma língua, de certa forma, é o instalar do novo, pois, como o resultado de rastros-resíduos que se mantêm e se recriam, surge uma nova possibilidade de expressão. Possibilidade que foi denominada, nessa pesquisa, como "cordel crioulo", pensado como o resultado de um processo poético vinculado à tradição, mas aberto a uma poesia que está se recriando constantemente.

> [...] o rastro/ resíduo é a manifestação fremente do sempre novo. Porque o que ele entre-abre não é a terra virgem, a floresta virgem, essa paixão feroz dos descobridores. Na verdade, o rastro/ resíduo não contribui para completar a totalidade, mas permite-nos conceber o indizível dessa totalidade. O sempre novo não é mais o que falta descobrir para completar a totalidade, o que falta descobrir nos espaços brancos do mapa; mas aquilo que nos falta ainda fragilizar para disseminar, verdadeiramente, a totalidade, ou seja, realizá-lo totalmente (Glissant, 2005, p. 83),

Diante desse consentimento expressivo, As bravuras de Valdivino pelo amor de Beatriz, O idílio de Pórcia de Castro e Leolino Canguçu e Viola Quebrada são expressões concretas de possibilidades de reconstrução poética, constituída na estabilidade e instabilidade processual do fazer artístico. Isso porque, na relação oralidade-escrita, existem resíduos sobre a origem de determinado texto. A respeito dessa questão, Zumthor (2001, p. 35) afirma que: "Lá atrás, além das evidências do nosso presente e da racionalidade de nossos métodos, há este resíduo: o múltiplo sem origem unificadora nem fim totalizante". A mobilidade desse resíduo consolida a mobilidade do olhar poético. Nos três cordéis analisados neste livro, o mapeamento da voz é revelador de resíduos que entrecruzam o verso tradicional da literatura de cordel com o seu reverso recriado. A voz poética em "Bravuras"[39] apresenta um alto grau de compromisso com a ficcionalidade, por não se abstrair de sua liberdade inventiva para mudar o itinerário da sequência narrativa, mas isso não surpreende o leitor, que entra e sai do jogo imaginativo sem exigir explicação alguma. Erotildes Miranda transforma o lugar da briga entre duas famílias e a consecutiva morte de muitos dos seus jagunços, no palco do casamento realizado após 15 dias. O casamento, portanto, foi o motivo da luta e da festa. Em "Idílio", há uma preocupação maior em situar os fatos, partindo da sua historicidade, que, por sua vez, provém da narrativa oralizada. Dessa forma, essa voz realiza um percurso circular entre oralidade-escritura. José Walter dialoga com textos escritos, registros históricos, entretanto esses textos se baseiam na palavra contada, que agora é cantada em cordel. "Viola", poema escrito ao modo de cordel, transgride as convenções da literatura popular em verso para se recriar como defensor do fazer poético. Camillo Lima faz desse poema um lugar de passagem de uma voz ancestral.

---

[39] Os títulos dos três cordéis que compõem o *corpus* desta pesquisa foram intencionalmente abreviados em núcleos vocabulares: "Bravuras, "Idílio" e "Viola".

Trata-se, assim, de três arquiteturas cantantes atreladas ao espaço sertanejo, conduzindo a uma reflexão sobre oralidade e escritura como fragmentárias potencialidades humanas teatralizadas na inesgotável amplitude da voz. As articulações entre tradição e recriação acontecem no âmbito da literatura de cordel, embora isso não impeça o seu vínculo com outras artes, pois o homem reinventa expressões poemáticas que singularizam e diversificam o espaço-tempo sertanejo e as identidades que ele comporta, ambos em transformação. Ao ultrapassar o espaço-tempo de cada texto, "desenvolve-se outro, que o engloba e no bojo do qual ele gravita com outros textos e outros espaços-tempos: movimento perpétuo feito de colisões, de interferências, de transformações, de trocas e de rupturas" (Zumthor, 2001, p. 150). Por isso, os três cordéis podem ser considerados *cânticos-hinos-nordestinos-e-do-mundo*. Ademais, a literatura popular em verso, na sua história, tem sofrido renovações constantes, decorrentes da valorização do pensamento diverso, que resulta em obras maturadas, capazes de manterem um diálogo com a sua tradição e, ao mesmo tempo, estarem abertas a novos elementos estéticos e socioculturais.

REFERÊNCIAS

ABREU, Márcia. **Histórias de cordéis e folhetos.** Campinas, SP: Mercado de Letras: Associação de Leitura do Brasil, 2006.

AIGUI, Guenádi. **Silêncio e Clamor.** Boris Schnaiderman, Jerusa Pires Ferreira, (org.). São Paulo: Perspectiva, 2010.

ALMEIDA, Joyce Elaine de. 'Viola Quebrada': linguagem e estilo característicos do falar caipira. **Polifonia**, Cuiabá, v. 12, n. 2, p. 91-105, 2006. Disponível em: http://cpd1.ufmt.br/meel/arquivos/artigos/269.pdf. Acesso em: 22 nov. 2011.

ALVES, Castro. **Poesias Completas.** Organização, revisão e notas de Frederico José da Silva Ramos. 2. ed. São Paulo: Saraiva, 1960.

AMADO, Janaína. Região, Sertão, Nação. **Estudos Históricos**, Rio de Janeiro, v. 8, n. 15, p. 145-151, 1995.

AMADO, Jorge. **ABC de Castro Alves.** Posfácio de Domício Proença Filho. São Paulo: Companhia das Letras, 2010.

AMORIM, Maria Alice. **No visgo do improviso ou A peleja virtual entre cibercultura e tradição:** comunicação e mídia digital nas poéticas da oralidade. São Paulo: Educ, 2008.

ANDRADE, Carlos Drummond de. **Leandro o Poeta.** Jornal do Brasil, Rio de Janeiro, 1976. Disponível em: https://www.revistaprosaversoearte.com/ariano-suassuna-recita-quem-foi-temperar-o-choro-e-acabou-salgando-o-pranto-do-poeta-leandro-gomes-de-barros/. Acesso em: 31 maio 2024.

ANDRADE, Mário de; KERNEY, Ary. **Viola Quebrada.** São Paulo, [192-]. Disponível em: https://soundcloud.com/acervoorigens2/solange-maria-viola-quebrada-m. Acesso em: 31 maio 2024.

BACHELARD, Gaston. **O direito de sonhar.** Tradução de José Américo Motta Pessanha, Jacqueline Raas, Maria Lúcia de Carvalho Monteiro, Maria Isabel Raposo. 4. ed. Rio de Janeiro: Bertrand Brasil SA, 1994.

BAKHTIN, Mikhail. **A Cultura Popular na Idade Média e no Renascimento:** o contexto de François Rabelais. São Paulo: Hucitec, 1987.

BANDEIRA, Manuel. **Estrela da Vida Inteira**. 20. ed. Rio de Janeiro: Nova Fronteira, 1993.

BARTHES, Roland. **Aula**. Tradução e pósfácio de Leyla Perrone-Moisés. São Paulo: Cultrix, 2007.

BASTAZIN, Vera. "**Do ato de contar ao metaconto**: recorrências e transformações dos gêneros literários em Machado de Assis. São Paulo: Nankin: Edusp: Educ, 2008.

CASCUDO, Luís da Câmara. **Literatura oral no Brasil**. 2. ed. São Paulo: Global, 2006.

CORTESÃO, Jaime. **A Carta de Pero Vaz de Caminha**. Rio de Janeiro: Livros de Portugal, 1943.

COTRIM, Dário Teixeira. **Idílio de Pórcia e Leolino**. Guanambi: Papel Bom, 2005.

CUNHA, Euclides da. **Os sertões**. Rio de Janeiro: Francisco Alves, 1979.

DEUS e o Diabo na Terra do Sol. Direção de Glauber Rocha. Monte Santo, Bahia, Brasil, 1964 (120 min), VHS.

DIÉGUES JÚNIOR, Manoel. Ciclos Temáticos na Literatura de Cordel (A Variedade temática: tentativa de classificação). *In:* **Literatura popular em verso**. Estudos. Tomo I. Rio de Janeiro: Ministério da Educação e Cultura: Fundação Casa de Rui Barbosa, 1973.

DOURADO, Gustavo. "**ABC do Cordel**". Cordëlia. Versão 3. Knol. dez. 2008. Disponível em: http://knol.google.com/K/gustavo-dourado/abc-docordel/149ur-3fwcoaef/24. Acesso em: 16 maio 2011.

ESOPO. **Fábulas**. Tradução de Pietro Nassetti. São Paulo: Martin Claret, 2006.

FERREIRA, Jerusa Pires. **Cavalaria em Cordel**. 2. ed. São Paulo: Hucitec, 1993.

FERREIRA, Jerusa Pires. "Um longe perto: os segredos do sertão da terra". **Légua e & Meia:** Revista de Literatura e Diversidade Cultural, Feira de Santana: UEFS, ano 3, n. 2, p. 25-39, 2004.

GALVÃO, Ana Maria de Oliveira. **Cordel**: leitores e ouvintes. 1. ed. 1. reimp. Belo Horizonte: Autêntica, 2006.

GLISSANT, Édouard. **Introdução a uma poética da diversidade**. Tradução de Enilce Albergaria Rocha. Juiz de Fora: UFJF, 2005.

HOUAISS, Antônio. **Dicionário Houaiss da língua portuguesa**. 1. ed. Rio de Janeiro: Objetiva, 2009.

JOLLES, André. **Formas simples**: legenda, saga, mito, adivinha, ditado, caso, memorável, conto, chiste. Tradução de Álvaro Cabral. São Paulo: Editora Cultrix, 1976.

KAUFMANN, Pierre (ed.). **Dicionário enciclopédico de psicanálise**: o legado de Freud a Lacan. Tradução de Vera Ribeiro e Maria Luiza de A. Borges. Rio de Janeiro: Jorge Zahar, 1996.

KRISTEVA, Júlia. **Introdução à semanálise**. São Paulo: Perspectiva S.A., 1974.

KUNZ, Martine. **Cordel** – A voz do verso. Fortaleza: Museu do Ceará/Secretaria da Cultura e Desporto do Ceará, 2001.

LA FONTAINE, Jean de. **Fábulas**. Tradução de Vários tradutores. São Paulo: Martin Claret, 2006.

LESSA, Orígenes. **Getúlio Vargas na literatura de cordel**. 1. ed. Rio de Janeiro: Editora Documentário, 1973.

LIMA, Camillo de Jesus. **Antologia Poética**. Vitória da Conquista: Departamento de Estudos Linguísticos e Literários – UESB, 1987.

LUYTEN, Joseph M. **O que é literatura de cordel**. São Paulo: Brasiliense, 2005.

MACEDO, Joaquim Manuel de. **A Moreninha**. São Paulo: Ática, 1982.

MATOS, Edilene. **O imaginário na literatura de cordel**. Salvador: UFBA – Centro de Estudos Baianos Edições Macunaíma, 1986.

MATOS, Edilene. Literatura de Cordel: Poética, Corpo e Voz. *In*: MENDES, Simone (org.). **Cordel nas Gerais**: oralidade, mídia e produção de sentido. Fortaleza: Expressão Gráfica Editora, 2010. p. 15-28.

MATOS, Edilene. "Literatura de Cordel: a escuta de uma voz poética". **Habitus**, Universidade Católica de Goiás, n. 5, p. 149-167, jan/jun. 2007. Disponível em: http://seer.ucg.br/index.php/habitus/article/viewFile/382/318. Acesso em: 15 set. 2011.

MAXADO, Franklin. O cordel como voz na boca do sertão. **Légua & Meia:** Revista de Literatura e Diversidade Cultural, [*s. l.*], v. 4, n. 3, p. 231-247, 2005. Disponível em: https://periodicos.uefs.br/index.php/leguaEmeia/article/view/1987/1471. Acesso em: 31 maio 2024.

MAXADO, Franklin. O negro na literatura de cordel. **Revista Sitientibus**, Feira de Santana, n. 12, p. 93-100, 1994. Disponível em: https://periodicos.uefs.br/index.php/sitientibus/article/view/10046/8367. Acesso em: 31 maio 2024.

MELHOR, Anísio. **Violas**: contribuição ao estudo do folclore baiano. Salvador: Secretaria da Cultura e Turismo, EGBA, 2002. (1. ed. 1935).

MELO, Elomar Figueira. **Nas Estradas da Areias de Ouro**. Rio de Janeiro: Kuarup, 1983. Disponível em: https://www.letras.mus.br/elomar/376571/. Acesso em: 31 maio 2024.

MELO NETO, João Cabral de. **A escola das facas**. Rio de Janeiro: Editora José Olympio, 1980.

MELO NETO, João Cabral de. **Morte e vida Severina** e outros poemas em voz alta. 6. ed. Rio de Janeiro: Editora José Olympio, 1974.

MELO NETO, João Cabral de. **Os melhores poemas de João Cabral de Melo Neto**. 6. ed. São Paulo: Global, 1998.

MENEZES, Eduardo Diatahy B. de. "Das Classificações por Ciclos Temáticos da Narrativa Popular em Verso: uma querela inútil". **Rev. Habitus**, Goiânia, v. 5, n. 1, p. 77-98, jan./jun. 2007.

MEYER, Marlyse. **Autores de Cordel**. São Paulo: Abril Cultural, 1980.

NETO, Akiz. **Poeticidade no discurso prosaico de Wanyenga Xitu**. Luanda: União dos Escritores Angolanos – Praxis, 2009.

OLIVEIRA, Maria Rosa Duarte de. "Explorando o território da voz e da escrita poética em Paul Zumthor". **Fronteiraz**, São Paulo, v. 3, n. 3, set. 2009. Disponível em: http://www.pucsp.br/revistafronteiraz/numeros_anteriores/n3/download/pdf/EstudosZumthor.pdf. Acesso em: 9 dez. 2011.

PEIXOTO, Afrânio. **Sinhazinha**. Rio de Janeiro: Ediouro, 2018.

PERRONE-MOISÉS, Leyla. **Texto, crítica e escritura**. 3. ed. São Paulo: Martins Fontes, 2005.

PIRES, José Walter. **O idílio de Pórcia de Castro e Leolino Canguçu**. Brumado: Edição independente, 2007.

PROENÇA, Ivan Cavalcante. **Ideologia do Cordel**. 2. ed. Rio de Janeiro: Ed. Brasília/Rio, 1977.

RIBEIRO, Lêda Tâmega. **Mito e Poesia Popular**. Rio de Janeiro: Funarte (Instituto Nacional do Folclore), 1986.

RINARÉ, Rouxinol; VIANA, Antônio Klévisson. **Lampião e Maria Bonita**. 8. ed. Fortaleza: Tupynanquim Editora, 2008.

SANTOS, Erotildes Miranda dos. **As bravuras de Valdivino pelo amor de Beatriz**. [*S.l.: s. n.*], [197-].

SANTOS, Idelette Muzart Fonseca dos. **Em demanda da poética popular**: Ariano Suassuna e o Movimento Armorial. 2. ed. Campinas: Editora da Unicamp, 2009.

SANTOS, Jason Rodrigues. **O Defunto Bonifácio**. Capa: Sivaldo S. Brumado: Gráfica Bandeirante, 1996.

SANTOS FILHO, Lycurgo. **Uma comunidade rural no Brasil antigo** (Aspectos da vida patriarcal no sertão da Bahia nos séculos XVIII E XIX). São Paulo: Companhia Editora Nacional, 1956.

SILVA, Gonçalo Ferreira da. **Vertentes e evolução da literatura de cordel**. 3. ed. Rio de Janeiro: Milart, 2005.

SILVA, Minelvino Francisco. **Cordel**. 3. reimpr. São Paulo: Hedra, 2005.

SUASSUNA, Ariano. **Aula Magna**. João Pessoa: Editora Universitária/UFPB, 2007.

TERRA, Ruth Brito Lêmos. **Memória de Lutas**: Literatura de Folhetos do Nordeste (1893-1930). São Paulo: Global, 1983.

TYNIANOV, J. "A noção de construção". *In:* EIKHENBAUM, B. *et al.* **Teoria da Literatura** – formalistas russos. Tradução de Ana Mariza Ribeiro, Maria Aparecida Pereira, Regina L. Zilberman e Antônio Carlos Hohlfeldt. Porto Alegre: Globo, 1978.

VASCONCELOS, Sandra Guardini Teixeira. "Migrantes dos espaços (sertão, memória e nação)". **Revista do Centro de Estudos Portugueses**, Belo Horizonte: UFMG, v. 22, n. 30, p. 67-81, jan./jun. 2002.

VASSALO, Lygia. **O sertão medieval**: origens européias do teatro de Ariano Suassuna. Rio de Janeiro: Francisco Alves, 1993.

ZUMTHOR, Paul. **A letra e a voz**: A "literatura" medieval. Tradução de Amálio Pinheiro e Jerusa Pires Ferreira. São Paulo: Companhia das Letras, 2001.

ZUMTHOR, Paul. **Escritura e nomadismo**. Tradução de Jerusa Pires Ferreira, Suely Fenerich. São Paulo: Ateliê Editorial, 2005.

ZUMTHOR, Paul. **Introdução à poesia oral**. Tradução de Jerusa Pires Ferreira, Maria Lucia Diniz Pochat e Maria Inês de Almeida. Belo Horizonte: Editora UFMG, 2010.

ZUMTHOR, Paul. **Performance, Recepção e Leitura**. Tradução de Jerusa Pires Ferreira e Suely Fenerich. São Paulo: Cosac Naify, 2007.

ZUMTHOR, Paul. **Tradição e esquecimento**. Tradução de Jerusa Pires Ferreira e Suely Fenerich. São Paulo: Hucitec, 1997.